ambição ção sem culpa

amor
ego
sem
culpa

SHELLYE ARCHAMBEAU

ambição sem culpa

Assuma riscos, quebre barreiras e conquiste o sucesso que merece

Tradução Marcia Blasques

astral cultural

Copyright © 2020 Shellye Archambeau
Prefácio copyright © 2020 Ben Horowitz
Título original: Unapologetically ambitious: take risks, break barriers, and create success on your own terms
Tradução para a Língua Portuguesa © 2021, Marcia Blasques
Esta edição foi publicada conforme acordo com a Grand Central Publishing, Nova York, Nova York, EUA. Todos os direitos reservados.
Todos os direitos reservados à Astral Cultural e protegidos pela Lei 9.610, de 19.2.1998. É proibida a reprodução total ou parcial sem a expressa anuência da editora.
Este livro foi revisado segundo o Novo Acordo Ortográfico da Língua Portuguesa.

Editora Natália Ortega
Produção editorial Aline Santos, Esther Ferreira, Jaqueline Lopes, Renan Oliveira e Tâmizi Ribeiro
Revisão Alline Salles e Silvia Leitão | a_teia
Capa Nine Editorial
Foto do autor © Odiwams

Dados Internacionais de Catalogação na Publicação (CIP)
Angélica Ilacqua CRB-8/7057

A71a
    Archambeau, Shellye
      Ambição sem culpa / Shellye Archambeau ; tradução de Marcia Blasques. — Bauru, SP : Astral Cultural, 2022.
      272 p.

      ISBN 978-65-5566-180-4
      Título original: Unapologetically ambitious

      1. Autoajuda 2. Sucesso nos negócios 3. Ambição 4. Autorrealização I. Título II. Blasques, Marcia

22-0798   CDD: 650.1

Índices para catálogo sistemático:
1. Autoajuda - Sucesso nos negócios

ASTRAL CULTURAL EDITORA LTDA.

BAURU
Avenida Duque de Caxias, 11-70
8º andar
Vila Altinópolis
CEP 17012-151
Telefone: (14) 3879-3877

SÃO PAULO
Rua Major Quedinho, 111 - Cj. 1910,
19º andar
Centro Histórico
CEP 01050-904
Telefone: (11) 3048-2900

E-mail: contato@astralcultural.com.br

SUMÁRIO

Prefácio	7
Introdução	11

Primeira parte — Construa sua jornada ... 19
1. Crie sua própria sorte ... 21
2. Cuidado com a síndrome do impostor ... 31
3. Encontre seus torcedores ... 39
4. Controle o que conseguir ... 45
5. Não os deixe vencer ... 49
6. Decida o que é importante para você ... 53
7. Estabeleça seus objetivos ... 57

Segunda parte — Defina estratégias ... 61
8. Elabore um plano ... 63
9. Entenda como as coisas funcionam ... 69
10. Prepare-se para que a oportunidade apareça ... 77
11. Seja estratégico em todas as frentes ... 81
12. Promova sua autodeterminação ... 93
13. Tome uma posição ... 97
14. Construa sua reputação ... 101
15. Sejam parceiros no planejamento ... 105

Terceira parte — Coloque em prática ... 113
16. Execute o plano ... 115
17. Entenda da área ... 125
18. Não pense duas vezes ... 129

19. Delegue	133
20. Aceite seus limites	137
21. Viva seus valores	143
22. Esqueça o equilíbrio entre trabalho e vida pessoal	147
23. Administre sua própria carreira	151
24. Diga para as pessoas o que você quer	155
25. Deixe para lá	159
26. Cada movimento é "nosso" movimento	163
27. Seus desafios são sua força	167

Quarta parte — Mudanças bruscas — **173**

28. Dê a volta nos obstáculos que não consegue remover	175
29. Faça a escolha certa no momento certo	179
30. Seja flexível	185
31. Permaneça conectado	189
32. Nunca aceite morrer	193
33. Continue aprendendo	199
34. Você merece	205

Quinta parte — Turbine suas chances — **209**

35. Encontre seus mentores	211
36. Construa sua rede de contatos	221
37. Encontre a correnteza	227
38. Corra riscos	231
39. Planejamento de vida para iniciantes	241

Epílogo	**259**
Dedicatória	**265**
Agradecimentos	**267**
Notas	**269**

Prefácio

Conheci Shellye Archambeau quando a contratei para administrar o marketing da minha empresa, a LoudCloud. A empresa crescia muito mais rapidamente do que a equipe da época e eu podíamos controlar; precisava de alguém com habilidades de liderança melhores do que as minhas para me ajudar a construir a organização. Shellye foi exatamente isso. Durante sua gestão, ela me ensinou a tomar decisões difíceis e a comunicá-las de maneira clara e com firmeza. De muitas formas, ela foi minha mentora, em vez de o contrário.

Depois de um tempo, a LoudCloud não deu certo, e Shellye e eu seguimos caminhos separados. Lembro-me de pensar, naquela época, que quem quer que a contratasse teria muita sorte em tê-la na equipe.

Alguns meses mais tarde, Shellye me contou que estava pensando em aceitar o cargo de CEO em uma empresa chamada Zaplet. Isso me surpreendeu, por causa da história prévia da Zaplet. Liderada pelo superstar do Vale do Silício, Alan Baratz, a empresa tinha sido a queridinha do mundo da tecnologia. Baratz conseguira levantar quantias imensas de dinheiro e garantira uma bela cobertura da imprensa. Todo mundo esperava que a Zaplet fosse a próxima grande empresa de tecnologia. Mas, como acontece com muita frequência nesse ramo, as coisas não saíram como planejado.

A companhia queimou rapidamente seu enorme estoque de dinheiro e estava à beira da extinção. A fim de evitar a falência, a Zaplet demitiu um número imenso de funcionários e fechou as portas para o que parecia ser um longo inverno seguido de uma venda de liquidação.

Empresas como a Zaplet quase nunca se recuperam, porque se tornam manchadas de maneira fatal pela ascensão meteórica e queda ainda mais rápida. Todo empregado, cliente e investidor em potencial sabe que a companhia tem ativos danificados, e pode ser quase impossível para um novo CEO lutar contra isso. Eu não queria ver Shellye pular em um pântano tão movediço.

Falei para ela: "Shellye, não acho que você devia aceitar este emprego". Dava para ver, pela sua linguagem corporal, que ela não planejava me dar ouvidos.

Sua reação foi tão abrupta que fiquei preocupado que tivesse pensado que eu estava dizendo que ela não conseguiria fazer aquilo, quando estava tentando dizer, na verdade, que ela não devia fazer aquilo. Mas, conforme a conversa prosseguiu, percebi que Shellye compreendia os problemas e, em grande parte, aqueles problemas eram os motivos pelos quais ela queria ser a CEO.

Shellye não estava mirando um resultado financeiro pessoal, glória ou um impulso na carreira. Ela procurava o teste final para suas habilidades de liderança. Era como um grande boxeador que queria lutar com os oponentes mais perigosos para provar que era o melhor. Ela estava atraída — em vez de se sentir repelida — pelo grau insanamente alto de dificuldade que aquela empresa representava.

Shellye aceitou o emprego, e a Zaplet foi o que era anunciado. Para cada problema sobre o qual eu a adverti, havia outros cem que não antecipei. Mas, como Muhammad Ali contra Joe Frazier ou George Foreman, Shellye lutou com unhas e dentes e abriu seu caminho até a vitória. Ela mudou tudo na empresa: a tecnologia, o ramo no qual estavam, a maioria dos empregados. Fundiu a Zaplet com a MetricStream e transformou a entidade combinada em um robusto líder de mercado por quatorze longos anos.

Eu a vi fazer isso e, com frequência, me perguntei de onde vinham aquela incrível determinação, foco e vontade de vencer. Por fim, com este livro, tenho a resposta.

A história de vida de Shellye e as lições que ela traz são exemplos poderosos de concentração e ambição que podem moldar nossa vida para melhor. Se seu objetivo for apenas ser famoso, talvez esta não seja a história para você, mas se seu objetivo for ser um verdadeiro grande líder de homens e mulheres, você acaba de encontrar seu guia.

Ben Horowitz,
cofundador e sócio da Andreessen Horowitz

Introdução

Estou em meu escritório na MetricStream, limpando apressadamente as mensagens de voz da caixa-postal e tentando chegar ao fim antes da primeira reunião do dia. Como sempre, são todas mensagens de vendas — ligações frias de fornecedores que não sabem quem mais abordar na empresa, então deixam uma mensagem para a CEO.

Todo mundo que realmente precisa de mim liga no meu celular ou me manda e-mail, estou só mesmo fazendo uma seleção, ouvindo cada mensagem o suficiente para confirmar que é uma mensagem de vendas antes de apagá-la.

Meu olhar se volta para a janela do canto do escritório, para a vista da Rodovia 101 ao longe, todos aqueles carros correndo ninguém sabe para que lugar. Do lado de fora da sala, ouço pessoas chegando às suas mesas, preparando-se para outro dia agitado. *Que horas são?*, me pergunto, mas, antes de verificar o relógio, uma voz distinta interrompe meus pensamentos:

— Shellye, aqui é Lowell McAdam — diz a mensagem.

Lowell McAdam, penso. *Onde já ouvi este nome?*

— Marc Andreessen sugeriu que eu falasse com você. Pode me retornar a ligação?

Marc Andreessen? Bem, este nome conheço bem. Sobre o que deseja conversar?

Desligo o telefone e ligo o computador. Uma busca no Google me diz que Lowell McAdam é o novo CEO da Verizon, uma das quinze maiores empresas do mundo, segundo a *Fortune*.

Ok... Ele não me telefonaria por conta de alguma proposta comercial para a MetricStream, pois a Verizon não é um cliente nem um cliente em potencial. O que pode ser? Por que Marc me indicaria para Lowell? É uma oportunidade de trabalho? Será que ele quer que eu dê uma palestra?

Curiosa, telefono para Marc.

— Está tudo bem, Shellye — me diz Marc. — Lowell está procurando um novo membro para o conselho com experiência condizente com a sua, um CEO de alto perfil na área de tecnologia que gerenciou operações em escala. Recomendei que ele falasse com você.

Desligo o telefone. A Verizon quer falar comigo sobre uma vaga no conselho? Um sorriso toma conta do meu rosto.

Quando eu estava no primeiro ano do Ensino Médio, depois de uma conversa fatídica com a orientadora escolar, estabeleci um objetivo principal de carreira: queria me tornar CEO. Durante a faculdade, refinei este objetivo: queria ser CEO de uma empresa de tecnologia. No caminho para conquistar essa posição, aprendi que há uma estrutura de governança um degrau acima do CEO: o conselho de direção — as pessoas que contratam e demitem o CEO e que garantem que os acionistas da empresa vejam o retorno de seus investimentos. Então, acrescentei outro objetivo: queria fazer parte de um conselho de uma empresa da lista das quinhentas mais importantes da revista *Fortune* antes de completar 55 anos.

Agora, aos cinquenta anos de idade, depois de uma década como CEO da MetricStream, recebo a ligação da Verizon. Uma dúvida momentânea entra em minha mente: *Será que estou pronta para uma posição do conselho de uma das cinquenta empresas mais importantes da* Fortune? Reconheço aquela voz e sei que não devo ouvi-la. *Se estou pronta? Claro que estou. Trabalhei a vida toda para isso. Todo o planejamento estratégico, a disciplina e as escolhas difíceis valeram a pena.*

Depois de uma breve conversa com Lowell, sei que quero a cadeira no conselho. No minuto em que desligo o telefone, como sempre fiz em momentos assim, ligo para meu marido, Scotty, para compartilhar as notícias animadoras.

— Querido, adivinha? — digo quando ele atende ao telefone.

— O que foi? — pergunta ele, a voz animada de ansiedade.

— Acabo de conversar com Lowell McAdam, da Verizon. — Não consigo tirar o sorriso do rosto quando digo: — Eles estão interessados em mim como potencial membro do conselho. Claro que haverá uma seleção, mas vou tentar. Veremos o que acontece...

Então, Scotty, meu fã número um, diz:

— O que quer dizer com veremos? Sei que ele vai querer você no conselho depois que conhecê-la.

Scotty estava certo.

...

Sendo uma mulher afro-americana na casa dos cinquenta, não me encaixo exatamente no protótipo de uma líder de negócios no ramo da tecnologia. Nem sei dizer quantas vezes as pessoas — em especial mulheres e pessoas negras — já me fizeram esta pergunta: como você conseguiu chegar onde está?

Você pode estar se perguntando a mesma coisa.

Antes de responder a esta pergunta, deixe-me contar um pouco sobre como comecei. Nasci em 1962, em uma família de poucos recursos e ambições altas. Não fazia muito tempo que os protestos sentados de Greensboro tinham chamado a atenção nacional para a segregação racial, e não muito tempo depois Martin Luther King Jr. fez o famoso discurso "Eu tenho um sonho", na Marcha de Washington.

Durante meus primeiros cinco anos de vida, a Lei dos Direitos Civis foi aprovada, manifestantes pacíficos foram recebidos com brutalidade na ponte Edmund Pettus, em Selma, Alabama, a Lei dos Direitos de Voto baniu práticas que limitavam o direito ao voto e as tensões raciais chegaram às alturas. Neste ambiente, meus determinados pais se propuseram a criar uma vida para nossa família, seguindo as oportunidades para onde quer que elas nos levassem.

Quanto a mim, comecei como uma garota negra tímida e desengonçada em uma escola fundamental só de brancos, e cresci até me tornar uma estudante bem-sucedida no Ensino Médio e graduada na Wharton School. Conheci um homem maravilhoso para compartilhar a vida e, juntos, criamos uma família.

Depois de uma ascensão rápida na hierarquia da IBM, me tornei uma das poucas (bem poucas) mulheres afro-americanas CEO no setor de tecnologia, isso ainda em 2003, quando eu tinha quarenta anos. Como CEO da Zaplet, orquestrei a fusão com a MetricStream, levando as duas empresas combinadas pelas águas turbulentas pós-estouro da bolha das pontocom e depois pela crise financeira de 2008, até a MetricStream sair do outro lado como uma empresa líder no setor, empregando mais de mil pessoas. Ao longo do caminho, fui mentora de inúmeros jovens profissionais e me envolvi em organizações que fazem muita coisa boa — em especial para minorias e mulheres.

Como cheguei aqui? É disso que este livro trata — dos valores, das experiências, das lições, das ideias, das estratégias e das ações que me trouxeram até o lugar onde estou hoje. Se tivesse que resumir, no entanto, eu diria que a ambição me trouxe até aqui — ambição apoiada nas escolhas conscientes que fiz em cada passo do caminho.

O sucesso começa por descobrir o que queremos e, então, fazer as escolhas que nos levarão até lá. Você vai notar que uso muito essa palavra: escolhas.

Desde o início, meus pais me colocaram no caminho certo, ensinando-me habilidades básicas e lições que me ajudariam a sobreviver em um mundo hostil a garotas negras como eu. Vou compartilhar esses ensinamentos com você na primeira parte do livro, "Lições iniciais" (alerta de spoiler: faço bom uso de algumas dessas lições iniciais até hoje).

Nos meus anos de faculdade, desenvolvi um plano de vida que, no fim, me serviu pelas três décadas seguintes. Você vai ler sobre isso na segunda parte, "Trace estratégias para o sucesso". Quero dizer, planejei tudo: meu casamento, filhos, carreira, até meu estilo de vida futuro.

Vou contar como me preparei para realizar tudo o que estava nessa lista, tirando um ou dois detalhes, e como você também pode fazer isso.

Na terceira parte, "Vivendo o plano", vou relembrar os desafios que encarei e a sabedoria que adquiri enquanto executava meu plano de vida, assumindo os papéis de profissional, esposa e mãe. Deixe-me dizer que não é fácil gerenciar tudo isso, mas é possível se fizer escolhas inteligentes, de acordo com seu plano.

Claro que a vida nunca sai exatamente como planejamos. Mas você não precisa saltar do barco só porque o rio fez uma curva. Na quarta parte, "Mudança brusca", falarei sobre como fiz as mudanças necessárias enquanto me mantinha firme em meus objetivos.

Por fim, na quinta parte, "Melhore suas chances", compartilharei minhas cinco melhores dicas — testadas e aprovadas — para avançar na carreira e atingir seus objetivos de vida.

Agora, além de escolhas, você deve ter notado que uso muito outra palavra: planejamento. É isso mesmo. Sou uma planejadora. Das grandes. De fato, algumas pessoas dizem que sou um pouco exagerada quando se trata de criar estratégias. Mas, honestamente, como líder de negócios e mentora, fico surpresa em ver quantas pessoas — pessoas inteligentes, talentosas e criativas — não têm um plano definido para ajudá-las. Conheço pessoas que agarraram as oportunidades que encontraram diante de si, em vez de traçar estratégias para criar suas próprias opções. Já vi pessoas fazerem escolhas fáceis que, na realidade, não serviram para seus objetivos de longo prazo. Conheço pessoas que certa vez tiveram uma ideia — um sonho rebuscado — do que queriam, mas nunca formalizaram o sonho em um objetivo ou fizeram um plano para chegar lá. Essas são as pessoas que acordam na meia-idade, perguntando-se como acabaram tão distantes de onde tinham esperado estar.

Não é raro que eu encontre pessoas que não pensam em hipótese alguma no longo prazo. Se não temos objetivos, como vamos alcançá-los? Se temos um objetivo, mas não temos um plano, como vamos saber se estamos no caminho certo?

Eis a boa notícia: nunca é cedo demais para planejar. E uma notícia ainda melhor: nunca é tarde. Em qualquer ponto de sua vida ou carreira, você pode estabelecer um objetivo, pesquisar as habilidades, experiências e recursos necessários para ir atrás dele e traçar um plano para alcançá-lo.

É sério.

Não sou a única pessoa que construiu uma vida sob medida, feliz e de sucesso. Você também pode fazer isso. Isso não quer dizer que não enfrentará desafios, decepções e tragédias ao longo do caminho (a maioria de nós enfrenta). Significa que você pode fazer a vida — e tudo o que vem com ela — funcionar a seu favor.

Espere. Está se perguntando se isso realmente se aplica a você? Se pode alcançar o sucesso e a felicidade? Por que essa é uma pergunta que tantos de nós fazemos a nós mesmos? Não "como posso conseguir o que quero?", mas "isto é mesmo possível para alguém como eu?".

Deixe-me dizer, sem chance de me equivocar, sim. Sim, é possível.

Deixe-me explicar.

Se ainda não percebeu, sou uma mulher ambiciosa. E não me sinto culpada por isso. Quando as pessoas me perguntam de onde vem minha ambição, bem... é como se me perguntassem de onde vêm minhas pernas. Ela cresceu comigo, é parte do meu código genético. Assim como dá para rastrear certos traços físicos por gerações da minha família, também é possível rastrear a ambição.

Minha tia Dee, guardiã dos papéis da família pelo lado da minha mãe, tem um documento que me recorda o quanto meus parentes chegaram longe ao longo dos anos. Um pergaminho amarelado, com tinta marrom — é chamado de ato de alforria, uma carta escrita à mão por um proprietário de escravos, comprovando a libertação de um dos meus ancestrais da escravidão. Ao ler aquilo, não dá para ter ideia de que se trata de um ser humano. Poderia ser a descrição de um animal de criação — macho, um metro e sessenta e cinco, testa alta, cicatriz comprida no pescoço. Só algumas gerações depois, meu bisavô, um homem orgulhoso e realizado que todo mundo chamava de Papa, levava minha mãe e a irmã dela a protestos sentados, ensinando-as a defender o que é certo, e escrevia cartas semanais para o editor do jornal local, falando contra injustiça.

Do lado do meu pai, temos uma Bíblia da família, um volume pesado encadernado em tecido azul, com um intricado relevo de letras douradas. Dentro, estão registrados os nomes e as datas de nascimento dos nossos ancestrais, começando com Dominique D'Archambau (uma grafia diferente do meu sobrenome), um capitão de navio da França, que se casou com uma jamaicana chamada Maria Chaddenne, que deu à luz Thomas Nicholas, em 1806, na Jamaica. Essa lista de nomes leva direto aos meus próprios netos. Passando meu dedo pelas páginas, imagino como foi a vida para cada geração. Vejo cada nome como um degrau em uma escada que leva a liberdades cada vez maiores.

Sim, eu enxergo os desafios que meus ancestrais enfrentaram. Também enxergo a força deles — a ética do trabalho, o orgulho, a fé e a ambição que os impulsionaram em frente. Isso é parte do meu DNA.

E quanto a você? Não importa por onde esteja começando, não importa de onde veio, você também tem a força para seguir em frente. Se estiver cético, tudo bem. Continue comigo. Vou guiá-lo por este caminho.

Então, está pronto? Vamos começar com algumas perguntas?

O que você quer da vida?

Você vive com base em quais valores?

Que tipo de estilo de vida busca?

O que o deixa realizado?

Essas são questões que quero que faça a si mesmo.

Veja bem, dois indivíduos podem não querer as mesmas coisas da vida. Sabemos isso na teoria, mas, quando chega a hora de projetarmos nossa vida, às vezes nos esquecemos desta questão essencial: "O que eu quero?". Não pense em alcançar o sucesso definido por outra pessoa. O que você quer?

Ao fim deste livro, espero que defina o que quer e se sinta fortalecido para ir atrás disso, sem sentir culpa.

construa sua jornada

Primeira parte

1. Crie sua própria sorte

Eu. Sou. CEO.
Ao abrir os olhos na escuridão da madrugada no meu quarto, meu marido dormindo tranquilo ao meu lado, ouço este pensamento reverberar em minha mente tão alto quanto os fogos de artifício no Quatro de Julho, ricocheteando em cada canto do meu cérebro: *Eu. Sou. CEO.* É cedo demais para acordar, mas não posso mais fingir que dormir é uma opção para mim nesta segunda-feira, meu primeiro dia no novo cargo.

Inspiro fundo e solto o ar devagar, para me acalmar. Sem querer deixar esse momento extraordinário passar, fecho os olhos e avalio meus sentimentos. Uma questão se filtra em minha mente: *Como cheguei aqui?*

Rio baixinho no silêncio. É uma pergunta boba. Esse momento não chegou do nada. Dei cada passo com todo cuidado para chegar até aqui. Passei décadas aprendendo, crescendo, planejando, superando, criando estratégias, fazendo escolhas intencionais, assumindo riscos calculados e trabalhando duro — muito, muito duro — para chegar neste exato lugar.

Mas, de algum modo, estou surpresa de ter conseguido.

Tão surpresa que quero voltar e ver tudo acontecer novamente.

Como, exatamente, cheguei aqui?

...

Quando eu tinha seis anos de idade, minha família passou o Natal em um quarto de hotel no centro de Los Angeles. Minha mãe, meu pai, minhas duas irmãs, meu irmão caçula e eu, todos explodindo de alegria enquanto abríamos os presentes e comíamos os biscoitos natalinos antes do café da manhã. Para nós, crianças, aquela manhã de Natal foi tão maravilhosa quanto qualquer outra, embora tivesse demorado anos para descobrir quantos percalços ocorreram até aquele dia acontecer.

Meu pai, Lester Archambeau, trabalhava para a IBM, uma empresa conhecida por transferir funcionários por todo o país. Em minha curta vida, minha família já tinha se mudado quatro vezes — de Washington (DC) para Boston; depois para Lexington, no Kentucky, e para a Filadélfia — e agora nos dirigíamos para Granada Hills, um agradável subúrbio de Los Angeles, em San Fernando Valley. Mudar-se o tempo todo daquela forma podia ter sido dramático para outra família, mas meus pais não gostavam de drama; eles lidavam com a realidade. Simplesmente descobriam um modo de fazer tudo funcionar. Também se mantinham firmes em seus valores essenciais ao fazerem estas mudanças. Por exemplo: meus pais acreditavam na importância de uma boa educação, então, quando meu pai foi transferido para a Califórnia, minha mãe, Mera Archambeau, se recusou a me deixar faltar um único dia de aula no primeiro ano. Em vez disso, meu pai se mudou antes e fiquei na escola até 23 de dezembro. Na véspera do Natal de 1968, nós pegamos um voo para o outro lado do país, pago pela IBM.

Devo mencionar aqui que minha mãe tinha decidido ter todos os filhos o mais rápido possível. Ela dizia que queria se livrar das fraldas de uma única vez. Então, nasci em julho de 1962, Lindy em maio de 1964, Niki em agosto de 1965 e Arch nasceu em junho de 1967, antes do meu quinto aniversário. Quando penso em minha mãe, voando de um lado para outro do país com quatro filhos, todos com menos de seis anos, nunca vou saber como ela lidou com isso, mas ela conseguiu. É o que minha mãe faz e, pelo exemplo, foi o que me ensinou a fazer.

Nossa casa não estava pronta para nós quando chegamos à Califórnia, e foi assim que terminamos em um hotel. Esse arranjo fora um sério motivo de preocupação para Lindy e Niki: não o fato de se mudar ou de ficar em um hotel, mas a logística do Natal.

— Mamãe — choramingara Lindy, alguns dias antes da nossa mudança —, o Papai Noel não vai nos encontrar se a gente se mudar. Não vou ganhar presentes neste ano.

Mas, antes que minha mãe pudesse responder, me intrometi. Porque, aos seis anos de idade, eu claramente já sabia de tudo.

— Não se preocupe — tranquilizei Lindy. — O Papai Noel sabe tudo, lembra? É assim que ele sabe se somos boazinhas ou não. Ele vê que as pessoas estão voando também. Ele vai saber que estamos na Califórnia e vai levar os presentes de Natal até lá. Você vai ver!

Minha declaração pode ter acalmado minhas irmãs, mas, enquanto isso, minha mãe estava em pânico. O Natal é a festa favorita dela. Ela e meu pai tinham o costume de fazer tudo — assar biscoitos, montar árvore, embrulhar os presentes — bem tarde, na véspera, depois que estávamos na cama. Então, imagine só isso: todo ano, íamos para a cama na véspera do Natal em uma casa normal. Podia até ser julho, dada à falta de sinais da festa de inverno. Na manhã de Natal, acordávamos com as meias penduradas na maçaneta da porta dos quartos, cheias de brinquedinhos e doces. Era como sabíamos que o Papai Noel tinha passado por lá. Depois de atacar as guloseimas das meias, descíamos correndo para testemunhar a mágica.

Antes mesmo de vermos, já dava para ouvir. Minha mãe tocava música de Natal. O corrimão da escada estava envolto em festão com enfeites brilhantes pendurados em cada volta. Víamos os reflexos do pisca-pisca antes que a árvore entrasse em nosso campo de visão. A mesa da sala de jantar tinha um enorme enfeite central feito de pinhas, galhos de pinheiro e frutas. Quando entrávamos na sala, tudo parecia vivo com o espírito natalino — toda superfície cheia de decorações. Meias tricotadas, personalizadas, feitas e decoradas em casa, uma para cada um de nós, estavam penduradas na lareira, sobre a qual ficava um trenó cheio de presentes e puxado por renas. Uma maravilhosa cena de inverno, completa com neve falsa. Bandejas enfeitadas de biscoitos natalinos ficavam nas extremidades da mesa, cercadas por homens de neve decorativos, Papais Noéis e elfos. Os abajures eram recobertos de tecidos natalinos, e as cortinas acentuadas com guirlandas prateadas e pisca-piscas. Por fim, a árvore: tão alta quanto o teto, cheia de enfeites, desde os caseiros até os de porcelana, cercada de pilhas de presentes. Meus pais nos diziam que o Papai Noel era responsável por fazer aquele milagre, e acreditávamos. Papai Noel podia fazer tudo; tínhamos a prova.

No ano em que nos mudamos para a Califórnia, minha mãe planejava simplificar a produção — até que minha confiante declaração nas habilidades de Papai Noel estabeleceu as expectativas de todos: produção completa, onde quer que fosse, na Califórnia. Agora, não só minha mãe tinha que ir atrás dos presentes, mas também tinha que transformar um quarto germinado de hotel em uma terra da fantasia do Natal — depois de uma viagem por todo o país, em uma cidade desconhecida, durante a noite, enquanto seus filhos dormiam.

Neste ponto, você pode estar pensando que minha mãe escolheria fazer adaptações ou até mesmo acabar com o conto de fadas. Mas você não conhece minha mãe. Não, em vez disso, ela criou um plano e recrutou auxílio para executá-lo. Compartilhou seu dilema com o motorista do furgão de mudanças, que se prontificou a ajudá-la. Nossos presentes e caixas de decorações seriam carregados no furgão por último, para que pudessem ser descarregados primeiro. Ele levaria o veículo até o hotel, na noite da véspera do Natal, e deixaria tudo lá, além de alguns biscoitos caseiros feitos por sua esposa. Enquanto isso, membros da nossa família ajudavam a despachar o restante dos presentes para o hotel, para que estivessem esperando na recepção quando chegássemos. Com isso, minha mãe já tinha tudo resolvido, exceto a árvore.

Na véspera do Natal, depois de um voo que deve ter parecido muito mais longo para minha mãe do que para meus irmãos ou para mim, nos encontramos com meu pai no aeroporto. Ele nos colocou em uma perua alugada e nos levou até o hotel. Depois de um jantar apressado, nós, crianças, fomos obedientes para a cama, imaginando que o Papai Noel e as renas estavam a caminho.

Enquanto isso, a verdadeira Mamãe Noel começou a se mexer, pegando os presentes e as decorações, enquanto meu pai dirigia por todo o centro de Los Angeles em busca de uma árvore de Natal. Sem celular, Google Maps, Amazon ou TaskRabbit para ajudar, ele dirigiu por um bom tempo, observando as ruas em busca de qualquer coisa que servisse. Até onde ele percebia, todas as lojas já estavam fechadas para as festividades. Estava ficando tarde e, meu pai, desesperado, quando parou em uma loja de ferramentas cujas luzes estavam acesas. Na janela: uma árvore de Natal completamente decorada e uma placa que dizia FECHADO.

Meu pai sabia que aquela era sua única chance. Ele estacionou, foi até a porta e começou a bater. Um homem veio dos fundos da loja e acenou para ele: *vá embora*. Mas ninguém diz a Lester Archambeau para onde ir, muito menos quando ele está tentando conseguir algo para sua família. Ele continuou batendo na porta.

Por fim, o homem se aproximou e abriu uma fresta na porta:

— Não sabe ler? — perguntou ele. — A placa diz que estamos fechados.

Meu pai rapidamente enfiou o pé no vão da porta.

— Senhor, eu quero comprar aquela árvore de Natal que está na janela ali.

— Não está à venda — disse o homem e tentou fechar a porta. Claro, o pé do meu pai não permitiu.

— Por favor — pediu meu pai. — Tenho quatro crianças em um quarto de hotel, e elas estão esperando que o Papai Noel leve uma árvore para ela. Não pode me vender essa? Posso devolvê-la logo depois do Natal.

Não sei dizer se milagres natalinos existem, mas, para meu pai, este foi um. O homem cedeu e, de algum modo, meu pai voltou para o hotel com uma árvore completamente decorada.

Na manhã seguinte, acordamos e encontramos meias na maçaneta. O Papai Noel tinha nos encontrado. Abri a porta do quarto e lá estavam: o pisca-pisca na árvore de Natal, os Papais Noéis e os elfos na mesa, festões em volta das janelas, bandejas de biscoitos e presentes ao redor da árvore.

— Viram? — disse para minhas irmãs e para meu irmão. — Eu falei que o Papai Noel ia saber onde a gente estava.

Meus pobres pais. Assim que fiquei mais velha e soube a verdade sobre o Papai Noel, minha mãe e meu pai permitiam que me esgueirasse do quarto e descesse para ajudá-los a criar a mágica natalina durante a noite. Pela primeira vez, entendi a situação quase impossível na qual eu os colocara naquele hotel. Meus pais sempre me amaram do jeito que eu era — uma garota que assumia o controle, ambiciosa e objetiva —, mas nunca me deixaram esquecer isso.

Como já deu para perceber, meus pais formavam uma dupla determinada e estavam particularmente decididos a criar cada um de seus filhos para ter uma boa vida, um caráter forte e uma excelente educação. Alcançar esses objetivos exigia de ambos um planejamento criativo e muita disciplina para se manter no plano.

Meu pai era o provedor da família. Todos os dias ele vestia um terno, camisa branca e gravata e pegava o transporte público por uma hora, até seu trabalho na IBM. Não tinha formação superior, mas era inteligente e um engenheiro natural. Conseguia construir ou consertar qualquer coisa. Anos antes, tinha conseguido um emprego consertando máquinas de escrever da IBM e, com o tempo, conseguira ser promovido a gerente de filial na divisão de serviços.

Minha mãe, que tinha formação superior e habilidades que iam do artesanato às finanças, escolheu ser mãe em tempo integral. Era a expectativa deles e a da época. Como meu pai, ela também era ambiciosa. Veja bem, muita gente liga ambição à realização na carreira, mas vejo ambição de um modo diferente. Para mim, ambição significa trabalhar duro, com determinação, para conseguir o que se quer da vida. Minha mãe tinha isso de sobra.

Juntos, os objetivos dos meus pais eram criar filhos bem-educados e ajustados, que pudessem se sustentar e fazer o que quisessem da vida. Como meu pai disse muitas vezes, minha mãe era o sargento da família, mantendo a ordem e a disciplina. Ela mantinha todos em dia com suas tarefas, dentro do orçamento e ainda nos divertindo. Era infinitamente engenhosa em fazer nossa família funcionar. Delegava responsabilidades domésticas para cada um de nós, crianças. No dia do pagamento do meu pai, ela distribuía mesadas para todos, incluindo meu pai. Mantendo um orçamento restrito, ela encontrava modos de financiar atividades que iam desde esportes a grupos de escotismo, passando por hipismo, tudo enquanto economizava dinheiro para a faculdade dos filhos. Com um único salário, isso não era fácil, mas meus pais davam um jeito.

E nós nos divertíamos. Adorávamos jogos: Candy Land, Chispa!, General, Go Fish, War e Spit. Adorávamos brincar de faz de conta e correr ao ar livre. Mas, mais do que tudo, amávamos brincar de luta com meu pai depois que ele chegava em casa do trabalho. Ele tentava prender todos nós no chão ao mesmo tempo. Na maioria das vezes, conseguia. Era forte, rápido e esperto o bastante para nos superar, deixando-nos gritando e dando gargalhadas indignadas. Então, todos nos levantávamos e íamos para a mesa de jantar, em que minha mãe já estava com uma refeição caseira — com "docinhos", nosso nome de infância para sobremesa — pronta para todos. Ainda consigo ver meus pais sentados à mesa.

Minha mãe era alta para sua geração, com boa postura e pose resultantes de anos de aulas de balé. Com quase um metro e oitenta, meu pai tinha o tronco largo e musculoso. Seus olhos cor de mel contrastavam com sua pele cor de caramelo e brilhavam sempre que ele contava uma história, em especial sobre sua família.

Uma das histórias que ele mais gostava de contar a meu respeito aconteceu na Filadélfia, quando eu tinha uns quatro anos de idade. Meu pai estava fazendo algum conserto no telhado. Minha mãe me mandou para o quintal, para "pintar a casa". Veja bem, pintar a casa consistia em me dar um baldinho de praia cheio de água e corante alimentício e um pincel. Eu, então, pintava a casa com aquela mistura. Ficava muito contente com aquilo, enquanto meu pai cuidava do quintal.

No entanto, assim que percebi que meu pai estava no telhado, não gostei nem um pouco. Gritei para ele, avisando que poderia cair e quebrar o pescoço. Quando ele não desceu, comecei a ir de um lado para outro na lateral da casa, com meu pincel na mão, gritando:

— Papai, você vai cair e quebrar o pescoço! Papai, você vai cair e quebrar o pescoço!

Cantarolei isso sem parar, do jeito que só uma criança de quatro anos é capaz de fazer. Meu pai ficou desesperado. Meu canto estava mexendo com a cabeça dele. Ele gritou pela chaminé para minha mãe ir me buscar e me levar para dentro, antes que ele realmente caísse e quebrasse o pescoço.

De muitas formas, nossa infância foi normal e feliz. Mas, fora de nossa casa, as coisas não eram tão fáceis. Meus irmãos e eu crescemos juntamente com o Movimento dos Direitos Civis e, enquanto meus pais infinitamente determinados criavam seus filhos, tensões raciais ferviam ao nosso redor. A véspera do Natal de 1968 não foi a primeira nem a última vez que testemunhei meus pais realizando incríveis feitos de força de caráter.

Depois de adulta, reconheci que as escolhas dos meus pais eram guiadas pela visão compartilhada da vida que queriam proporcionar para nossa família e pelos valores que queriam passar para meus irmãos e para mim — valores, como definir seus objetivos, fazer seu planejamento, cumprir seus compromissos, desafiam você a dar o melhor de si e acreditar que pode criar sua própria sorte. Sorte, neste contexto, é ter a atitude correta, habilidades e experiência quando uma oportunidade se apresenta. Oportunidades aparecem o tempo todo, mas é necessário ser capaz de tirar vantagem delas. Quando fazemos isso e capitalizamos em cima das oportunidades, nós nos posicionamos para o sucesso e criamos nossa própria sorte.

Deixe-me desenvolver isso. Sempre acreditei que, não importa como sua vida começa, você pode se tornar "mais sortudo". Minha própria família vem aumentando sua "sorte" há gerações — cada geração construindo algo com base nas oportunidades criadas pela geração anterior. Minha família conta a mesma história sem parar: nossos objetivos não precisam se limitar ao lugar onde começamos. Nosso sucesso não precisa ser prejudicado por aquilo com o que nascemos (embora às vezes nasçamos com coisas que podem ajudar). Desta perspectiva, todo mundo pode aumentar sua sorte.

Eis como: do mesmo modo que minha mãe e meu pai faziam seus "milagres" — o triunfo do Natal de 1968; a mágica com o orçamento doméstico que mantinha todos nós alimentados, vestidos e entretidos, enquanto minha mãe economizava para nossa faculdade; e o foco singular que permitiu aos meus pais criar uma família feliz e saudável em um clima carregado do ponto de vista racial. Você pode se fazer mais sortudo ao estabelecer um objetivo, criar um plano, desenvolver as habilidades certas, manter a atitude correta e alinhar suas escolhas cotidianas aos seus objetivos. Foi o que meus pais me ensinaram a fazer, e é o que este livro o ensinará a fazer. Pode não ser fácil, mas vai valer a pena.

Falando em "não ser fácil", enfrentei muitos desafios ao longo da infância, desde o racismo sistêmico até problemas de saúde, passando pelas mudanças frequentes. Por várias vezes, estive na posição de ser a criança nova na escola, a de fora, a outra. Em cada uma dessas vezes, eu tinha que encontrar um jeito de seguir em frente. Em vez de se tornarem barreiras para meu sucesso, esses obstáculos se tornaram oportunidades. Eles me ajudaram a desenvolver estratégias para alcançar meus objetivos pessoais e me destacar em minha carreira. Vamos falar sobre algumas dessas lições iniciais — como cheguei a aprendê-las e como elas podem ajudá-lo.

2. Cuidado com a síndrome do impostor

É triste, mas é verdade: crianças podem ser cruéis umas com as outras. Inconscientemente, absorvemos as dinâmicas da nossa cultura. Algumas crianças assumem a responsabilidade de reforçar essas dinâmicas na escola, enquanto outras carregam as marcas dessa doutrinação por anos.

Quando comecei na escola em Granada Hills, em janeiro de 1969, poucos anos tinham se passado desde os tumultos de Watts, distrito de Los Angeles, e desde que a Ku Klux Klan tinha desfilado pelas ruas da vizinha Glendale. Estes foram acontecimentos locais, mas o país como um todo estava alvoroçado. A guerra do Vietnã estava no auge. Martin Luther King Jr. fora assassinado em abril de 1968, seguido pelo assassinato de Robert F. Kennedy em junho do mesmo ano. Eu começava o ensino básico em um subúrbio branco, em uma cidade carregada racialmente, durante um período turbulento dos Estados Unidos. Dá para imaginar as dinâmicas de poder que os valentões da escola reforçariam e os golpes que minha autoestima receberia.

Pesquisas mostram que meninas pequenas não permanecem inocentes sobre como o mundo funciona — ou confiantes em si mesmas — tanto tempo quanto imaginávamos. Um estudo de 2017 descobriu que, aos seis anos de idade, os estereótipos de gênero começam a ser estabelecidos (1). O mesmo é válido para estereótipos raciais. Nossa tendência de julgar pessoas por sua etnia aumenta drasticamente entre os seis e os dez anos de idade (2). Nesses frágeis anos, as crianças tentam estabelecer as expectativas sociais de pais e professores e começam a aplicá-las nas pessoas ao seu redor e em si mesmas (3).

Em outras palavras, enquanto uma garota de cinco anos percebe a si mesma como sendo apenas outra criança, aos seis anos — a idade que eu tinha quando cheguei na Califórnia —, ela começa a categorizar a si mesma segundo gênero e raça. Começa a ajustar as percepções de suas habilidades e oportunidades segundo normas sociais. Então, ainda que ela goste de matemática no primeiro ano, no terceiro, ela já pode dizer que não é boa nisso. Se no jardim de infância uma garotinha como eu pode fazer amizade com qualquer outra criança da classe, não vai demorar até que ela se pegue gravitando ao redor de amigos que pareçam ou ajam mais como ela mesma.

No final da década de 1960, em Granada Hills, não havia crianças que se parecessem comigo. Eu era um peixe fora d'água. Minha mãe antecipou que crescer nesse ambiente poderia ser difícil para seus filhos, então se envolveu em organizações que nos afetavam diretamente, como um modo de pavimentar o caminho e garantir que teria voz para nos apoiar quando necessário. Ela se tornaria líder na associação de pais e mestres, na igreja e no grupo de escoteiros. Ainda assim, eu tinha que encarar sozinha muitas situações na vida, como a caminhada até a escola.

Toda manhã, caminhava por uma rua secundária, paralela à avenida principal, a Balboa Boulevard. Seguia com dificuldade pelo ar seco, empoeirado, carregando minha pequena lancheira, sem nada para bloquear minha visão das peruas e dos Mustangs conversíveis que passavam correndo, ou a visão deles de mim.

— Ei, negrinha! — os homens gritavam das janelas de seus carros. — Volte para a floresta de onde você veio.

Quando cheguei à escola, tinha todo o aspecto de alguém "de fora", desde que coloquei os pés no pátio. No mesmo instante, as provocações e o assédio começaram — crianças apontando para mim e dando risada, crianças me fazendo tropeçar e me empurrando no *playground*. Isso acontecia com tanta frequência que até hoje tenho cicatrizes nos joelhos.

Mas meus problemas não eram só com as crianças. A administração da escola também deixava seu racismo escancarado. As escolas da Califórnia tinham aulas especiais para alunos avançados, conhecidas como programa de Educação de Dotados e Talentosos (GATE, na sigla em inglês para *Gifted and Talented Education*). Sempre gostei de estudar e era particularmente boa em matemática, então, quando cheguei à idade necessária, fiz os testes para o GATE e passei com facilidade. Fui aceita no programa. Até a escola decidir que algo tinha dado errado, e que o teste precisava ser refeito. Todo mundo no programa refez o teste e, desta vez, fui a única aluna que não passou.

Sabemos que a vida não é justa. "Isso não é justo!" é uma das primeiras reclamações que as crianças aprendem. Em vez de tentar consertar as situações para torná-las mais justas, fui criada para aceitá-las como um dado da realidade: a vida não é justa. Nunca foi. Nunca vai ser. É um fato, e você não pode mudá-lo. Então, não podemos usar isso como desculpa. Quando coisas injustas acontecem, temos que descobrir o que vamos fazer a respeito.

Na minha família, não reclamamos por causa das injustiças. Em particular, fomos ensinados a não acreditar que ser afro-americano nos impedia de alguma coisa. Meus pais fizeram essa escolha, eu descobriria mais tarde, porque não queriam que nos concentrássemos no racismo sistêmico que estava ao nosso redor, que começássemos a encontrá-lo em todos os lugares e que isso limitasse nossos objetivos. Eles acreditam que, se fizéssemos isso, realmente seríamos impedidos de fazer o que queríamos. Ao não nos permitir usar o racismo como desculpa, meus pais esperavam nos fortalecer para superá-lo. Essa não é uma escolha que os pais deviam fazer para seus filhos — mas a vida não é justa.

Quando era criança, só tinha uma explicação sobre o motivo de ter fracassado no segundo teste para o GATE: eu não era inteligente o bastante para isso.

— Que pena, Shellye — disse minha mãe ao me abraçar. — Continue com suas notas e, talvez, ano que vem você consiga.

Muitos anos mais tarde, minha mãe admitiria que era óbvio que a escola tinha inventado uma desculpa para me manter fora do programa.

Para meus pais, o preconceito racial implícito era muito perceptível em Granada Hills. Havia rumores circulando na nossa vizinhança de que minha mãe e meu pai eram Panteras Negras.

Claro que, como em qualquer comunidade, também conhecemos várias pessoas boas em Granada Hills. No verão, passávamos a maior parte do tempo livre nadando nas piscinas dos vizinhos, e eu fiquei próxima de algumas garotas da minha classe. Minha mãe sempre nos envolvia no máximo de atividades que conseguíamos fazer — era o jeito dela de nos tirar da sua cola, mas também nos dava o máximo possível de oportunidades. Entrei no grupo de escoteiras e comecei a fazer aulas de balé. Comecei a me enturmar e a me sentir mais em casa, mesmo assim, não conseguia deixar de lado a realidade de que algumas pessoas nunca gostariam de mim. Isso estava acabando com minha autoestima. Em geral, era a última a ser escolhida nos times, era deixada de fora nos jogos e eu levava tudo isso para o lado pessoal. Pensava que, se conseguisse ser boa e gentil com todo mundo, eles aprenderiam a me apreciar. Mas algumas crianças nunca mudaram.

Alguns anos depois de nos mudarmos para Granada Hills, estava indo para casa, depois da aula, sozinha, pensando na vida, balançando a lancheira em uma mão e carregando meus livros na outra, quando entrei na rua paralela à Balboa.

Percebi a presença deles antes mesmo de vê-los, se é que isso é possível — dois garotos se lançando na minha direção, saltando de trás de uma cerca-viva. Eram meus colegas de classe, meninos que eu via todos os dias. Eles gritaram alguma coisa, mas mal consegui ouvir, porque estava caindo de costas, vendo meus livros e minha lancheira voarem, então senti uma dor aguda quando atingi o chão.

Lembro-me da cena como se estivesse assistindo isso acontecer com outra pessoa, mas era eu deitada na calçada enquanto dois garotos me batiam e me chutavam. Carros passavam ao nosso lado, mas ninguém parou, e não havia adultos por perto para interferir. Não revidei. Fiquei bem encolhida, cobri a cabeça com as mãos e chorei enquanto me batiam.

O que eu fiz?... Por que isso está acontecendo?... Alguém me ajude!... Por que eles me odeiam?...

Depois de alguns minutos, os dois garotos cansaram, ou algo os assustou, porque saíram correndo. Com dor, sangrando e chorando, peguei meus livros com as capas rasgadas. Achei minha garrafa térmica, que tinha caído da lancheira e estava quebrada. Guardei tudo e continuei o caminho para casa.

— Oi, Shellye! — minha mãe gritou da cozinha quando me ouviu entrar pela porta da frente. Em geral, eu gritaria "Cheguei em casa!", e correria até a cozinha para cumprimentá-la. Mas naquele dia não falei nada.

— Shellye? — ela me chamou. — Está tudo bem?

Não respondi.

Minha mãe saiu da cozinha e me viu naquele estado.

— Shellye! O que aconteceu?

A expressão dela disse tudo, quando ela me puxou para seus braços. Comecei a chorar novamente, sem controle, com tanta força que por muito tempo não consegui contar o que tinha acontecido.

No dia seguinte, minha mãe me levou de carro para a escola e conversou com o diretor. Os dois garotos ficaram encrencados, mas isso não necessariamente facilitou as coisas para mim. O dano estava feito e levaria muito tempo para ser consertado.

...

Em que idade aprendemos a internalizar a crueldade? Quando começamos a acreditar que a culpa é nossa? Que nós merecemos aquilo? No caso das garotas, em especial garotas afro-americanas — e especialmente garotas afro-americanas em ambientes carregados racialmente —, essa internalização é inevitável em uma idade muito tenra. Todos os pequenos ferimentos se somam e, quando alguém joga um insulto grande por cima, é o bastante para esmagar a autoestima da jovem garota.

Experiências como essas na primeira infância podem levar a um caso sério de "síndrome do impostor" mais tarde. A síndrome do impostor é o que acontece quando você começa a acreditar no que uma sociedade injusta diz a seu respeito. É mais comum entre garotas e mulheres e, em especial, em mulheres negras, mas pode atingir qualquer um que seja inteligente e ambicioso e que esteja em território desconhecido.

A síndrome do impostor aparece como uma sensação de mal-estar, uma impressão persistente de que, de algum modo, você não merece suas próprias realizações conquistadas com dificuldade, de que todo mundo pertence àquele lugar, menos você. Os efeitos da síndrome de impostor agem no nosso subconsciente, como uma dúvida sutil e incômoda. É algo que fica nas profundezas do seu cérebro. Quando alguém lhe faz um elogio ou dá um retorno sobre a qualidade do seu trabalho — *bang*! Quando você conquista a oportunidade de liderar um grupo ou de conseguir uma promoção — *bang*! Sempre que você se sente vulnerável ou se questiona, a síndrome do impostor sussurra: *Um dia, eles vão perceber que não sou tão boa quanto pensam.*

Isso parece familiar?

A síndrome do impostor não controlada pode minar severamente suas aspirações. Se não acreditar em si mesmo, é difícil se obrigar a assumir os riscos necessários para atingir seus objetivos. Você pode passar a vida toda desenvolvendo todas as habilidades e conhecimento necessários para ter sucesso, mas nunca conseguir a confiança para aplicá-los. Se não tiver uma rede de segurança na qual confiar, dentro de você e ao seu redor, pode nunca ter coragem para ir atrás do nível educacional, do emprego ou da vida que você realmente deseja.

Não importa que hematomas teve que aguentar no início da vida — sejam físicos ou emocionais —, a síndrome do impostor não precisa limitá-lo. Você pode aprender a lidar com isso. Eis como:

Passo 1: perceba que está em boa companhia. Muitas pessoas realizadas convivem com a síndrome do impostor. Seus tentáculos astutos, às vezes, se infiltram na minha vida até hoje.

Passo 2: perceba essas vozes internalizadas, críticas e inseguras que falam com você, e entenda que não estão lhe dizendo a verdade. Não confie nelas.

Passo 3: acredite em pessoas que reconhecem seu valor. (Vamos falar sobre elas no Capítulo 3.) Quando as pessoas a elogiam ou a promovem, estão fazendo isso porque você mereceu. Aceite isso pelo o que realmente é.

Passo 4: nos momentos em que não está se sentindo confiante, em vez de deixar a síndrome do impostor levar a melhor, adote a mentalidade do "fingir até que se torne verdade", projetando a confiança que quer ter até que ela se enraíze em você. Eu uso esse truque até os dias de hoje. Quando participei da primeira reunião do conselho da Verizon, estava intimidada. A Verizon era uma das quatorze maiores empresas do mundo na lista da *Fortune*, e o conselho de direção tinha especialistas globais e CEOs de outras empresas que estavam entre as quinhentas maiores do mundo segundo a *Fortune*. Sim, eu era uma CEO e tinha experiência de conselhos, mas em empresas muito menores. Preparei-me o máximo que pude e conversei com outros membros do conselho para reunir informações. Mas, quando chegou o momento de ir para a reunião, apesar do meu nervosismo, vesti a máscara da confiança, mantive a postura e repeti o mantra em minha cabeça: "Aja como se soubesse o que está fazendo, ouça com atenção e, em breve, você vai saber o que está fazendo".

Passo 5: é muito difícil acreditar em si mesmo quando você cresce em uma sociedade que não espera que consiga muita coisa, mas é isto o que você deve fazer: superar esse obstáculo e acreditar em si.

Conforme avançar, vai ver que desmantelar a síndrome do impostor não é uma conquista que acontece de uma só vez. Tenho repetido esses passos várias vezes ao longo da vida, desde a época anterior à adolescência e ao longo de toda minha carreira, para curar aqueles primeiros ferimentos e me desfazer da influência que a síndrome do impostor tem na minha vida. Vamos visitar esses passos novamente, de forma bem detalhada.

Por enquanto, se quiser levar algo deste capítulo, leve isto: a vida não é justa. E está tudo bem. Tampouco, a vida não é impossível. É só injusta.

E não é sua culpa que as coisas sejam mais difíceis no seu caso, mas você não pode deixar que isso o endureça. Não se culpe e não desperdice sua energia culpando os outros. Se permitir que as injustiças da vida definam você, elas vão fazer isso. Mas se escolher definir a si mesmo, acreditar em si e alinhar-se a outros que acreditam no seu potencial, vai encontrar um jeito de viver a vida que deseja.

3. Encontre seus torcedores

Precisamos de torcedores na vida: pessoas que, quando as coisas não vão bem, acreditarão em nós e nos dirão que somos bons. Pessoas que vão reconhecer nossas forças quando não conseguirmos. Que nos levantarão quando não nos sentirmos capazes ou confiantes. Tenho sorte que os membros da minha família foram meus primeiros torcedores. Sei que não é o caso de todo mundo. Se você não cresceu em uma família que o incentiva, talvez outros torcedores apareçam ao longo dos anos — professores, treinadores ou adultos em sua comunidade. Um dos meus primeiros torcedores apareceu quando eu tinha nove anos de idade.

Naquela época, era a criança mais alta da classe. Estava crescendo tão rápido que precisava de roupas novas o tempo todo. Minha mãe tinha uma política para isso, assim como para todo o restante: cada um de seus filhos tinha um orçamento de 200 dólares por ano para roupas. Podíamos tanto comprar roupas prontas quanto comprar tecidos e moldes, o que era muito mais barato, e minha mãe costurava. Era uma escolha clara, em termos de orçamento. No fim, minha mãe fazia a maior parte das nossas roupas. Mas, às vezes, isso significava ter que esperar um tempo, enquanto ela cuidava de todas as outras responsabilidades que tinha além de fazer as roupas para os quatro filhos. Então, naquele verão, resolvi aprender como fazer as minhas.

Minha professora de costura, a sra. Lutesinger, teria um grande efeito na minha vida e na minha autoestima. Um dia, na aula, cortei um molde errado. Eu estava tentando fazer um vestido, mas, como era muito alta, a sra. Lutesinger tinha cortado o molde na cintura, depois colocado sobre o tecido com um espaço de sete centímetros entre as duas peças do molde, para acomodar meu corpo mais comprido. Obedientemente, prendi o molde ao tecido com alfinetes e, então, fizemos uma pausa para almoçar. Depois do almoço, retomamos a aula para cortar o tecido seguindo as linhas do molde. Esqueci que as peças tinham sido separadas e segui o molde na área da cintura, cortando o vestido ao meio. Bem, as outras alunas começaram a zombar e a rir de mim. Eu estava mortificada. A sra. Lutesinger veio ao meu resgate. Ajustou a parte inferior do molde no tecido, deixando-o ainda mais longo. Disse que poderíamos simplesmente fazer uma costura na cintura para resolver o problema. Ela deve ter visto algo naquela interação: minha timidez e consternação, um pedaço de mim que estava sofrendo e precisava de ajuda. De todo modo, a sra. Lutesinger me convidou a continuar aprendendo em seu estúdio de costura em casa, só nós duas.

Ela vivia nas colinas de Los Angeles, uma paisagem empoeirada e ondulada esculpida pelo vento e pelas enchentes, coberta por terra estéril, grama seca e pinheiros. Sua propriedade ficava em uma estrada comprida, uma casa de fazenda com uma grande varanda com vista para o vale de subúrbios. Atrás da casa, fiquei encantada em encontrar um celeiro de verdade para cavalos. E com cavalos!

— Quer ver um cavalo? — a sra. Lutesinger me perguntou uma tarde. Assenti, e ela me levou até um belo cavalo de crina e rabo negros, e uma mancha branca na face. Era o maior animal que eu já vira de perto.

Ela me ensinou a dizer oi e a fazer carinho no cavalo para que ele não ficasse nervoso. Mas eu estava nervosa. Ela me deu uma maçã.

— Tome, entregue para ele.

O cavalo a pegou com cuidado da minha mão estendida.

Ela sorriu.

— Agora, quer tentar montá-lo?

Pouco depois, estava sendo colocada na sela. O cavalo — gostaria de conseguir lembrar seu nome — foi infinitamente paciente com meu ser tenso e ansioso.

— Relaxe — disse a sra. Lutesinger, segurando a rédea para manter o cavalo quieto. — Sei que está nervosa, mas o cavalo pode perceber o que você está sentindo. Se estiver nervosa, ele vai ficar nervoso. Então, se você relaxar, ele vai relaxar.

Obriguei-me a agir de um jeito relaxado e indiferente (fingir até conseguir, certo?). Respirei fundo e, então, estávamos andando. Ergui os olhos na direção do horizonte, tão distante. De repente, me senti alta e forte, incrivelmente acima do mundo, respirando fundo na tarde dourada da Califórnia. Foi um momento que me mudou para sempre.

Ao longo de minha vida, encontrei força em situações nas quais, de algum modo, estava fora da minha zona de conforto, mas parada sobre uma base na qual podia confiar. Na infância, minha família foi minha base. Com o tempo, adicionei novos níveis de apoio: habilidades e educação, amizades, meu marido e filhos, realizações profissionais, colegas e mentores. Quando me sinto apoiada por algo mais forte e maior do que eu mesma, é um grande prazer e privilégio alcançar lugares cada vez mais elevados, com fé de que não vou cair, pelo menos não uma queda muito alta. Essa fé é o oposto da síndrome do impostor. Lentamente, ao longo de muitos anos, conectar-me com pessoas que acreditaram em mim me ajudou a reparar os danos das minhas experiências em Granada Hills e desenvolver uma confiança verdadeira.

Naquela tarde, montada no cavalo da sra. Lutesinger, senti isso pela primeira vez — uma sensação do quanto seria possível com o apoio certo. Talvez fosse isso que a sra. Lutesinger queria que eu sentisse. De uma coisa sei com certeza: daquela tarde em diante, fiquei louca por cavalos.

Continuei a fazer aulas de equitação com a sra. Lutesinger e logo me inscrevi em um grupo chamado Comando de Cavalaria da Califórnia. Vestíamos uniformes que tinham camisas brancas, elegantes chapéus do Oeste e realizávamos exercícios complexos com nossos cavalos. Era divertido, era trabalho duro e eu era boa naquilo. Não me lembro de a cavalaria ser um grupo mais diverso de crianças do que meus colegas de escola, mas todos usavam o mesmo uniforme, tínhamos uma atividade conjunta, agíamos como equipe e eu sentia que fazia parte daquilo. Por fim, me tornava parte de alguma coisa, não era mais a menina que sempre estava de fora.

Mais ou menos nesta época, outra torcedora apareceu na minha vida: minha professora de matemática, a sra. Mizrahi. Apesar da experiência com os valentões, gostava de verdade da escola — pelo menos da parte do aprendizado. Gostava principalmente de matemática e, em especial, de competir para ser a melhor da classe. Ao perceber isso, a sra. Mizrahi fez um trato comigo: se eu conseguisse fazer a lição mais rápido que todo mundo, podia ajudar as outras crianças a terminar a lição delas. Esse foi um grande motivador para mim. Amava correr o mais rápido possível para poder me virar e ajudar outras pessoas com seus problemas. Não era o mesmo que estar no programa GATE, mas foi bom para minha autoestima.

Nesta idade, eu era tão boazinha que doía. Como acontece com muitas crianças, tudo o que queria era que alguém visse minha bondade e me elogiasse por isso. Felizmente, a sra. Lutesinger e a sra. Mizrahi viram minha ambição e me deram oportunidades de conquistar reconhecimento pelo trabalho duro.

A empatia delas me impediu de ficar completamente desiludida em uma idade tão frágil, e suas ações foram um grande exemplo para mim. Até hoje, trabalho duro para ser gentil e presente com os demais, e tento reconhecer que cada um de nós carrega o próprio fardo, assim como desfrutamos da própria vantagem.

Não procurei minhas primeiras torcedoras; elas me encontraram. Mas, assim que senti o poder de sua influência, soube o que tinha que fazer em cada nova circunstância: encontrar pessoas pelas quais eu pudesse torcer e encontrar pessoas que torcessem por mim. De construir amizades a escolher um parceiro de vida (veja o Capítulo 11), para adotar mentores e pupilos (veja o Capítulo 35), para construir uma rede profissional (veja o Capítulo 36), passei minha vida costurando sistemas de apoio pessoal e profissional e encorajando outros a fazerem o mesmo.

Quer você tenha nove anos de idade ou 65, a realidade é que a maioria de nós não é forte o bastante para encarar todos os desafios sozinho. Em cada estágio da nossa vida e carreira, vamos precisar da ajuda de pessoas que acreditam em nós e que querem nosso sucesso. Em especial, quando tantas coisas no mundo parecem simplesmente que querem nos derrotar. Sim, você pode romper barreiras sistêmicas e silenciar as dúvidas incômodas da síndrome do impostor. Sim, você pode construir a vida que deseja. Mas não pode fazer isso sozinho. E, felizmente, não precisa fazer isso sozinho.

Quem são seus torcedores? Quem acredita em você quando está lutando para acreditar em si mesmo? Algumas pessoas são seus torcedores naturais. São aquelas pessoas que elevam sua autoestima por meio de elogios e encorajamento. Se ainda não tem torcedores, designe alguém. Sério. Ligue para um amigo. Diga: "Eu designo você como meu torcedor. De agora em diante, sempre que eu esquecer o quanto sou incrível, capaz e competente, sua função é me lembrar disso". E, então, devolva o favor. Juntos, um torce pelo outro — é como seguimos em frente.

4. Controle o que conseguir

Havia uma piada entre as famílias da IBM que dizia que a sigla da empresa queria dizer "Me mudaram" (em inglês *"I've Been Moved"*). Claro que, depois de cinco anos em Los Angeles, meu pai foi realocado para New Milford, em Connecticut.

Eu tinha onze anos na época, então tinha vivido em Los Angeles quase metade da minha vida. No fim, fiz grandes amigos ali, e eles me deram uma festa de despedida. O tema foi *Leaving on a jet plane* (Partindo em um avião), nome da música de sucesso de Peter, Paul and Mary, que foi a trilha sonora da festa. Naquela época, ligações telefônicas de longa distância custavam muito dinheiro, e e-mails ainda não tinham sido inventados. Então, a menos que você fosse bom em escrever cartas, quando dizia adeus, era realmente para sempre.

Aquela despedida foi difícil, porém não tive muito tempo para lamentar. Não tinha escolhido me mudar, mas ali estava. Então, dado que a vida não é justa, o que eu podia fazer? Como meus pais tinham me ensinado, me concentrei no que podia controlar. Quando chegamos a Connecticut, no verão antes do meu sexto ano, minha mãe imediatamente entrou em ação, e fiz o mesmo.

No primeiro dia, minha mãe reuniu os quatro filhos, e fomos de casa em casa na nova vizinhança para nos apresentarmos. Era o que fazíamos toda vez que nos mudávamos: imediatamente fincávamos raízes. Minha mãe entrou para a Associação de Pais e Mestres, minhas irmãs e eu para o grupo feminino de escotismo, meu irmão para o grupo masculino de escoteiros, e encontramos uma hípica em que podíamos continuar nossas aulas de equitação. Passávamos as tardes nadando no lago ou andando de bicicleta pelas ruas arborizadas. Quase no início, nossos dias estavam novamente repletos.

Enquanto as garotas nesta nova cidade se pareciam muito com minhas amigas em Los Angeles, os garotos pareciam diferentes, de algum modo — fascinantes e muito descolados. Eles usavam tênis Adidas e Nike, calça jeans e camisetas com slogans, enquanto andavam de bicicleta com selim Sting-ray, da Schwinn. Alguns desses meninos viviam na minha vizinhança, e queria desesperadamente que eles achassem que eu também era descolada. Em um dia de outono, minha chance chegou. Dois garotos bateram na porta de casa. Iam dar uma volta de bicicleta; será que eu também gostaria de ir?

Sim! Peguei o casaco e a bicicleta e saí em disparada, pedalando rápido pela rua sinuosa banhada de sol. Os garotos assobiavam e gritavam, e eu tinha que me esforçar para manter o ritmo deles. As ruas ali eram perfeitas para jovens aventureiros sobre duas rodas — tranquilas, cheias de curvas e íngremes. Logo chegamos a uma grande descida, e os meninos se lançaram nela mais rápidos do que a luz. Eu mal conseguia acompanhá-los, pedalando loucamente só para me manter na nuvem de poeira que eles erguiam. Peguei cada vez mais velocidade e, então, perdi o controle da bicicleta. Os pneus escorregaram debaixo de mim: caí estatelada no chão. Meu queixo atingiu o asfalto, assim como minhas mãos e joelhos. Chocada, me levantei de um pulo, só para ver o sangue escorrendo nas minhas palmas raladas.

Os dois meninos voltaram pedalando e gritando:

— Shellye! Você está bem?

Limpei as mãos no short.

— Ah, sim. — Sorri. — Estou bem. Vamos continuar!

Deixe-me ser clara: eu não estava bem. Estava machucada, sangrando e chocada, mas de modo algum admitiria isso para meus novos amigos descolados. Então, pedalamos em frente. No início, tudo o que eu podia fazer era tentar não entrar em pânico. Mas, depois de um tempo, comecei a me divertir novamente. Estava pegando o jeito nessa coisa de "fingir até se tornar verdade". Os garotos ficaram impressionados em ver como eu era durona. Gostaram de mim e, até no que dizia respeito ao meu ser de onze anos, essa era a parte importante.

Quando começaram minhas aulas na sexta série, já tinha feito amigos na vizinhança, no lago e no grupo de escoteiros. E, desta forma, já tinha me tornado parte da comunidade em New Milford. Essa nova cidade era pequena, rural e pitoresca e não tinha muita diversidade — acho que só havia mais uma família afro-americana além da nossa. Apesar da homogeneidade, a comunidade parecia mais tolerante e receptiva (ou menos abertamente hostil do que Granada Hills). Já estávamos na década de 1970, e o mundo estava mudando. Certamente, não me sentia fora de lugar lá. Quando as aulas iniciaram, comecei a todo vapor, mas não por muito tempo.

No fim da sétima série, meu pai chegou a nossa casa com um anúncio. Depois de apenas dois anos em Connecticut, íamos nos mudar para Nova Jersey. E lá íamos nós de novo...

O engraçado era que, ainda que esperassem que a próxima recolocação acontecesse em poucos anos, meus pais nunca agiram como se qualquer lugar fosse temporário. Se meus irmãos e eu esperássemos nos mudar logo, provavelmente não investiríamos nossa vida em Connecticut. Podíamos sentir que não valia a pena nos envolver na comunidade. Mas, para onde quer que fôssemos, minha mãe abria o caminho, e todos nos comportávamos como se aquele fosse o nosso lar, estabelecendo raízes. Não nos concentrávamos no medo do desconhecido; colocávamos nossa energia nas coisas que podíamos controlar — criar amizades, ir bem na escola, participar de clubes e times. Acredito que essa atitude nos deu uma base sólida, formou nossa resiliência e nos ensinou a nos mantermos firmes em meio à mudança.

Assim como a síndrome do impostor, o medo da mudança pode limitar suas aspirações e objetivos, mas só se você permitir. Conforme entrava na adolescência, atravessava a faculdade e começava minha carreira, o que aprendi da minha mãe me ajudou a me aclimatar a cada novo passo ao longo do caminho: mesmo quando estamos nos sentindo inseguros e ansiosos pela novidade, mesmo se não temos certeza se teremos êxito ou não, o melhor é se concentrar no que dá para controlar e fazer o melhor possível com o que temos.

5. Não os deixe vencer

Montville, em Nova Jersey, é uma cidade dormitório, habitada, em geral, por profissionais que se deslocam diariamente para Nova York. Como sempre, nessa mudança, meus pais foram estratégicos ao escolher nossa vizinhança, encontrando uma casa modesta e acessível no melhor distrito escolar. Não levou muito tempo para que nós, crianças, percebêssemos que o padrão de vida ali era mais alto — as casas maiores, os carros mais caros. Meus irmãos e eu íamos para a escola com nossas roupas feitas em casa, cercados de colegas de classe que pareciam ter saído das páginas de um catálogo, com calças boca de sino Wrangler e sapatos plataforma.

Mas as roupas não eram a pior parte. No fim do Ensino Fundamental, comecei a crescer desconfortavelmente rápido. No fim da oitava série, já tinha mais de um metro e setenta e cinco e era mais alta do que meus colegas e do que os professores. Meus braços e pernas ficaram muito finos. Especificamente, meus ligamentos das pernas estavam muito esticados. Durante o ano escolar, comecei a ter muito problema nos joelhos. Primeiro pareciam ser apenas dores normais de crescimento, mas no verão depois da oitava série, sentia desconforto demais para praticar esporte, tanto que já estava tomando muito ibuprofeno. Preocupada, minha mãe me levou ao médico, que disse a pior coisa que uma menina de treze anos podia imaginar: eu precisava usar aparelhos nas pernas.

Aparelhos nas pernas? Ao entrar no Ensino Médio?

Imagine, se puder, o que é começar em uma nova escola, sendo uma das poucas alunas pertencentes a minorias, mais alta do que a maioria dos meninos, usando grandes óculos de aro redondo e aparelhos de metal ao redor das pernas, com dobradiças nos joelhos. Como a maioria das crianças na minha idade, tudo o que eu queria na vida era me encaixar nos padrões, mas nunca teria essa sorte. Pior ainda, como a mais velha das crianças Archambeau, não tinha meus irmãos comigo para ajudar a amortecer o golpe. Eles ainda estavam na escola fundamental. Então, comecei sozinha.

Não posso dizer que começar em uma nova escola foi fácil em algum momento e que andar com os aparelhos pesados e desengonçados nas pernas tornou mais difícil. Mas, no Ensino Médio, pelo menos, eu sabia o que fazer: aceitar as circunstâncias, fingir até se tornar verdade, controlar o que fosse possível e acreditar que as coisas iam melhorar. Como minha mãe me ensinou, mergulhei de cabeça em tudo o que pude — no American Field Service, no clube de francês e no Key Club. Inscrevi-me em projetos de classe, me voluntariei para todas as oportunidades que apareceram e procurei outros alunos novos, já que sabia muito bem como eles estavam se sentindo. Não demorou para eu construir a reputação de boa aluna e pessoa gentil. Até consegui alguns amigos verdadeiros e próximos, outros alunos ambiciosos que também eram um pouco fora da "norma" de um jeito ou de outro. Um pouco antes do segundo ano no Ensino Médio, finalmente tirei os aparelhos das pernas.

Até então, as pessoas que me viam de fora achavam que eu era alguém forte e sólida. Mas, como muitas outras adolescentes, ainda sofria de falta de confiança. Tinha um colar que usava a maioria dos dias, um cubo oco em uma corrente. Era só a moldura de um cubo, sem laterais ou meio. Eu amava aquele símbolo porque se parecia comigo: alguém aparentemente forte por fora, mas para quem faltava algo por dentro. Tinha aprendido a me adaptar, a sobreviver em qualquer ambiente, mas me preocupava que minha fachada forte escondesse uma fraqueza real. Às vezes, eu me sentia muito pequena.

Se as pessoas soubessem como sou insegura na verdade... Entrar em um novo ambiente, fazer um discurso para desconhecidos ou participar de uma eleição para uma vaga de liderança em um clube — todas as vezes eu ouvia essa vozinha na minha cabeça, questionando minhas capacidades. A velha e boa síndrome do impostor erguia sua cabeça. Mal sabia como isso era comum — que leva um tempo para desenvolver uma confiança de verdade, para acreditar no que suas realizações e no que seus torcedores dizem sobre você. Do jeito que era, às vezes, o exterior corajoso da Shellye parecia uma mentira.

Na escola, pequenos incidentes estimulavam minhas inseguranças. As pessoas ainda me empurravam contra os armários "sem querer" ou beliscavam meu traseiro e saíam correndo, mas eu tinha uma mãe que me lembrava de ser forte por mim mesma. "Não os deixe vencer", ela me dizia sempre que eu demonstrava sinais de frustração, raiva ou derrota.

Sei exatamente de onde vinha essa mensagem: do meu bisavô, Papa, o homem que levava as netas para aquelas revoltas sentadas, em que as pessoas ocupavam os lugares que eram seus por direito, com dignidade, enquanto outros os atormentavam, jogando leite na cabeça deles. Passo isso agora para você: não importa quem tente fazê-lo tropeçar, quem incentive suas inseguranças ou o distraia de seus objetivos. Não. Os. Deixe. Vencer.

Segundo minha mãe, se deixar alguém ditar suas ações por você, está deixando que essa pessoa o controle. No Ensino Médio, ela me dizia: "Você ganha se permanecer no jogo". Então, foi o que fiz. Permaneci forte externamente e, por algum tempo, isso teria que ser o suficiente.

6. Decida o que é importante para você

— Mãe! Podemos, por favor, ligar o aquecedor? Está muito frio! — Fingi tremer enquanto apertava o suéter ao redor dos meus ombros finos.

Minha mãe me olhou e ergueu uma sobrancelha. Eu sabia a resposta.

— Bem, Shellye, depende — disse ela. — Você quer ir para a faculdade?

Não era a primeira vez que tínhamos essa conversa. Eu podia completar o resto: estávamos mantendo o aquecedor abaixo de vinte graus celsius, porque aquecer a casa custava dinheiro e, se economizássemos no aquecimento, podíamos usá-lo para pagar minha faculdade.

— Se não quiser o dinheiro para ir para a faculdade, então podemos ligar o aquecedor — respondeu minha mãe.

Eu entendia a escolha, mas também entendia que, algum dia, quando fosse adulta, queria morar em uma casa quente.

Na metade da minha adolescência, comecei a me interessar sobre como seria a vida adulta. Essa curiosidade se centrava nos meus pais e nas escolhas que eles tinham feito para proporcionar uma vida estável para todos nós. Mas, antes de entrar nisso, deixe-me dizer que meus pais podiam escrever um livro cada um sobre as lições que aprenderam quando jovens. Sem dúvida, seus valores foram definidos por essas primeiras experiências com a adversidade.

O pai do meu pai morreu quando ele era criança, e ele foi criado pela mãe, que tinha vários empregos para manter a família. Minha avó sempre manteve uma atitude determinada a resolver problemas e sempre fez com que cada um de seus filhos se sentisse amado e especial. Minha mãe também foi criada por um pai solo. Quando era jovem, sua mãe morreu de leucemia. Embora seu pai tivesse se casado novamente depois de um tempo, sua madrasta não gostava de crianças. Como filha mais velha, minha mãe carregou muito da responsabilidade de cuidar de suas duas irmãs. Ela acabou cursando a escola em velocidade acelerada, o que significava que era sempre dois anos mais nova que seus colegas de classe e, com frequência, era intimidada por causa de seu tamanho. "Isso me fez mais forte", minha mãe me disse. "Eu queria provar para as meninas maiores que podia fazer qualquer coisa que quisesse. E fiz isso."

Meus pais eram "resolvedores" de problemas, ambos queriam o melhor para sua família e trabalhavam como equipe para fazer isso acontecer. Com eles, aprendi o que significa ter um parceiro e o quanto é possível realizar quando conseguimos isso. Eles criaram um orçamento restrito que permitia cobrir nossas despesas cotidianas, economizar para a faculdade e para a aposentadoria, além de uma mesada modesta para cada um de nós — mas dificilmente um centavo a mais. Meu pai era pago duas vezes ao mês, e era quando minha mãe fazia compras. Nos intervalos, se precisássemos de alguma coisa, minha mãe emprestava o dinheiro da mesada de um dos filhos, com nossa permissão, claro. Não estávamos falidos, mas nossas economias familiares não podiam entrar nessa conta. Esse dinheiro devia ser guardado para garantir nosso futuro.

Meu pai costumava dizer que minha mãe era mágica. Ele trazia o salário para casa, e minha mãe o transformava em vida. Mas, quando era adolescente, o que eu via era uma mulher que em geral parecia cansada e que parecia colocar as necessidades de todos na frente das dela, todos os dias. Então, depois do jantar, quando a sobremesa era servida, e depois que todos pegavam um pedaço, minha mãe sempre pegava a menor fatia da torta que ela tinha feito.

Eu estava pensando sobre isso em uma noite, parada na nossa cozinha verde-abacate, estilo década de 1960, enquanto pegava o prato de torta e começava a secá-lo. Como parte dos nossos deveres, depois de limpar a cozinha, nós, crianças, tínhamos que levar uma xícara de café para nossos pais, provavelmente como modo de mostrar que tínhamos terminado. Então, depois que sequei o último prato, fui até a sala de estar, onde minha mãe estava sentada no sofá xadrez verde e dourado, tricotando. Coloquei a xícara de café na mesa ao seu lado e declarei.

— Mãe, decidi. Não vou ter filhos.

Ela deixou o trabalho de lado e inclinou a cabeça para mim.

— Ah? E por que isso? — perguntou ela, dando um tapinha no lugar ao seu lado.

Eu me sentei.

— Não quero trabalhar tão duro quanto você e ainda acabar com o menor pedaço de torta — respondi. — Você nunca para, mal dorme e, depois de fazer a sobremesa, ainda fica com o pedaço menor.

A expressão dela ficou séria e suas mãos foram para os quadris.

— Shellye — disse ela. — Se eu me importasse com o pedaço de torta, não ficaria com o pedaço menor. — Então, olhou fundo nos meus olhos, sorrindo com suavidade. — Tenho tudo com o que me importo. Não me importo com o pedaço de torta. A chave é decidir com o que você se importa. Você sai, vive sua vida e trabalha para conseguir o que é importante para você.

Essa conversa alterou minha visão de mundo. Minha mãe não estava fazendo sacrifícios; estava fazendo escolhas conscientes. Assim como fazia com o orçamento familiar, ela fazia trocas em todas as suas escolhas.

Mais ou menos na mesma época, consegui meu primeiro trabalho regular, sem contar os bicos de babá. Desde a época em que frequentava o rancho da sra. Lutesinger, eu fazia aulas de hipismo. Lindy, Niki e minha mãe também faziam aulas. Então, Lindy e eu começamos a participar de competições, o que exigia um grande comprometimento de tempo aos fins de semana — ir até os estábulos, cuidar dos cavalos, praticar, competir e assim por diante. Sem mencionar os gastos. Minha mãe criou uma regra: tínhamos que pagar por metade dos custos das aulas, além de reembolsá-la em dez centavos por cada serviço de motorista (uma regra que respeitei mais depois que tive meus filhos, diga-se, reconhecendo o valor do tempo da minha mãe). Para pagar minha parte, comecei a fazer algumas horas a mais alimentando os cavalos e limpando os estábulos antes e depois das aulas e, após um tempo, abrindo e fechando a hípica. Não demorou muito para que passássemos grande parte do nosso tempo livre nos estábulos, de tanto que gostávamos.

Um dia, minha mãe fez um anúncio:

— Crianças, vou comprar um cavalo.

Espere! O quê? Tínhamos dinheiro para um cavalo?

Foi quando descobri que, por mais louca que eu fosse por cavalos, minha mãe era mais louca ainda. Ela sempre quis ter um cavalo e, sem que soubéssemos, estava economizando dinheiro há mais de doze anos. As economias que não tínhamos permissão de mexer incluíam o fundo para um cavalo. Vivíamos aquém dos nossos meios para que pudéssemos ter flexibilidade financeira para o que era necessário e desejado no futuro: dinheiro para as despesas da faculdade para nós e um cavalo para minha mãe. A mulher que passara a vida toda costurando nossas roupas, fazendo o jantar do zero e fazendo escolhas diárias para economizar dinheiro tinha feito tudo isso para algum dia poder ter um cavalo. Sim, ela sempre pegava o menor pedaço de torta porque sabia o que realmente queria; ela saiu e foi atrás disso. Embora todos tivessem permissão para montar em Scarborough, um puro-sangue aposentado das pistas de corrida, ele sempre foi o cavalo da minha mãe, e ela parecia ser a pessoa mais feliz do mundo quando montava nele.

Ao ajudar a me preparar para o futuro, minha mãe não me disse apenas para decidir o que eu queria e ir atrás, ela me mostrou como fazer isso: estabelecendo um objetivo, fazendo um plano e permanecendo fiel a ele, uma escolha, uma troca por vez. Visão, determinação, estratégia e disciplina — seja você uma adolescente planejando seu caminho para a vida adulta ou uma profissional no meio da carreira, pensando em fazer uma mudança, essas são as pedras angulares para construir a vida que você quer.

7. Estabeleça seus objetivos

— O que você acha que quer fazer quando crescer? — uma orientadora escolar me perguntou em meu penúltimo ano do Ensino Médio.

Eu não tinha uma resposta para ela.

Como muitas crianças, não tinha claro o que queria da vida. Eu sabia do que gostava: de matemática, de tirar boas notas e dos meus clubes. Mas não via como essas coisas podiam funcionar juntas. Mas o mantra dos meus pais era: "Dê duro na escola, consiga as melhores notas que puder, vá para a melhor faculdade e consiga o melhor emprego". Então, era o que estava fazendo. Mas que emprego eu queria? Ainda não sabia.

A orientadora tentou de novo:

— Bem, que tipo de vida você quer ter?

Dei de ombros.

— Não sei. Quero ganhar dinheiro suficiente para manter minha casa aquecida. Odeio sentir frio.

— Ok. — Sorriu ela. — O que você gosta de fazer agora?

Por fim, algo que eu sabia responder.

— Ah! Bem, eu gosto de participar dos clubes. Gosto de todos os projetos diferentes que fazemos e gosto de liderá-los. — Enquanto recapitulava a lista dos projetos nos quais eu me envolvera, ela arregalou os olhos e abriu um sorriso.

— Meu Deus, Shellye — disse a orientadora. — Você é ambiciosa, não é?

— Acho que sim — respondi. — Só gosto de estar envolvida e causar impacto.

Meu envolvimento nos clubes começou com meu desejo de encontrar um lugar para mim em minha comunidade. Ele continuou, se eu for completamente honesta, por causa da minha aparentemente insaciável busca por reconhecimento. No Ensino Médio, meu interesse nos clubes aumentou quando descobri os benefícios de assumir as responsabilidades da liderança. Isso aconteceu, se posso identificar um momento, no grupo de escoteiras, quando me voluntariei para ajudar a planejar nosso acampamento anual e percebi que, quanto mais envolvida ficava, mais podia influenciar em nossas atividades. Por exemplo: adorava caminhadas e adorava competições que começavam com um tiro de largada. Então, coloquei essas atividades na agenda. No entanto, não gostava de recolher lenha — odiava como os insetos que viviam dentro das toras saíam rastejando para fora quando você as pegava. Quando chegou o momento de designar as tarefas, coloquei o nome de outra pessoa para fazer isso na tabela de responsabilidades.

Isso foi uma revelação para mim — as recompensas da organização valiam o esforço. Comecei a aplicar a ideia nos clubes da minha escola também. Testei as águas quando concorri para a presidência do clube de Francês como segundo-anista, e venci. Então, me dei conta de que nem sempre precisaria trabalhar para conquistar posições de poder com o tempo. Talvez, pudesse simplesmente concorrer para o cargo. Comecei a concorrer para tudo. Quando me juntava a um grupo, concorria para qualquer cargo disponível: presidente, vice-presidente, tesoureira, o que estivesse na mesa. Logo, tinha uma posição de liderança em cada grupo do qual participava, e eu adorava. Isso exigia muito trabalho e muita organização, mas não me importava. Eu estava me divertindo.

Minha orientadora escolar percebeu isso.

— Sabe, administrar clubes e organizações escolares não é muito diferente de administrar uma empresa — disse ela. — Manter as pessoas alinhadas, coordenadas e trabalhando juntas na direção de um objetivo em comum... Você gosta dessa parte?

Meu interesse foi despertado.

— Gosto, sim — respondi.

— Neste caso — concluiu ela —, você provavelmente vai gostar de administrar uma empresa.

Naquele momento, soube exatamente o que queria fazer na vida: eu, Shellye Archambeau, queria administrar uma empresa. No início, não importava que não tivesse ideia de como alcançar esse objetivo. Tudo o que precisava fazer era descobrir quais os melhores passos a dar na sequência, e meu plano se desdobraria com base nisso.

Claro que nem todas as reuniões obrigatórias com orientadores escolares no Ensino Médio são tão impactantes, mas gostaria que fossem. De fato, eu gostaria que pudéssemos nos encontrar com orientadores de tempos em tempos ao longo da vida. As perguntas que eles nos fazem são inestimáveis, não importa a nossa idade: quais são nossos objetivos? Que aspirações e visões nutrimos e que ainda não falamos em voz alta? Precisamos reivindicá-las para podermos ir atrás delas. É assim que o sucesso começa: ao estabelecer um objetivo claro e nos comprometermos a lutar por ele, com ambição, sem remorso e com estratégia.

defina estratégias

Segunda parte

8. Elabore um plano

Apesar de toda a conversa sobre "conquistar tudo" e "seguir seus sonhos", raramente encontrei uma discussão realista sobre como alcançar objetivos tão elevados. Por acaso os pilotos de avião decolam sem um destino claro e um plano de voo? Não, mas é exatamente o que muitas pessoas fazem — saltam de cabeça na vida sem uma estratégia ou sem nem mesmo estabelecer um conjunto claro de objetivos. Não é de estranhar que tantas pessoas fiquem presas no mesmo engarrafamento que todas as outras, perguntando-se o que fizeram para acabar daquele jeito.

Quando terminei meu terceiro ano no Ensino Médio, já tinha um objetivo de carreira de longo prazo. Agora, eu precisava de uma estratégia para me levar até lá, começando com uma grande decisão: onde fazer faculdade. Por sorte, minha tia trabalhava na Howard University, uma faculdade historicamente negra em Washington, DC. No verão antes do meu último ano, ela me ajudou a conseguir um emprego como secretária no campus, e fui para Washington aprender mais sobre a vida universitária.

Depois de crescer como extrema minoria, colocar o pé em um campus majoritariamente afro-americano era um grande choque de cultura — do melhor jeito possível. Ironicamente, no entanto, embora parecesse com todo mundo eu me sentia um peixe fora d'água. A linguagem dos estudantes, a história que eles conheciam, como interagiam uns com os outros e comigo — era ao mesmo tempo avassalador e emocionante. Eu trabalhava na School of Allied Health e amava me sentar atrás da escrivaninha, dizer "oi" para os estudantes que entravam e saíam e me imaginar como um deles. Sem mencionar que estar perto de homens — que realmente me achavam atraente e interessante — era uma experiência nova para mim. Um dia, um aluno chamado Marshall parou diante da minha mesa com um convite para ver Ashford & Simpson.

Marshall não era o primeiro garoto com quem eu saía; era o segundo. Ainda em Jersey, saí por um tempo com o único outro afro-americano da minha escola. Divertimo-nos um pouco, mas ele era dois anos mais velho do que eu e, na nossa escola, que era dividida entre "estranhos", "atletas" e "nerds", ele era um dos "estranhos". Eu não via muito futuro para nós. (Sim, estava no grupo dos "nerds" e, sim, mesmo enquanto estávamos namorando, estava traçando estratégias, tomando decisões já de olho no futuro.) Marshall, no entanto, era perfeito para ser meu primeiro namorado "de verdade", um aluno de faculdade a caminho de uma carreira brilhante. Ele era alto, gentil e tinha uma conversa interessante.

Quando voltei para a escola, para o último ano, eu tinha oficialmente um namorado a distância. O relacionamento durou todo o meu último ano — ele até me acompanhou no baile de formatura, no qual usei saltos altos, porque meu parceiro (ao contrário da maioria dos garotos da minha idade) era mais alto do que eu.

Passar o verão em Howard me deu uma visão da vida universitária e me ajudou a me imaginar dando o próximo passo. Quando chegou o momento de escolher minha própria faculdade, no entanto, não voltei ao núcleo familiar. Eu fui — você adivinhou — estratégica. Tinha pesquisado os CEOs do mundo e não encontrei muitos que se parecessem comigo. Então, sabia que precisava me dar a melhor vantagem que pudesse obter. Pesquisei as melhores faculdades de administração e rapidamente me concentrei na Wharton School, não só porque estava classificada entre as melhores do país, mas por motivos econômicos também.

O curso de graduação de Wharton me prepararia para minha carreira, então poderia pular o MBA e economizar 250 mil dólares no processo, além de começar a trabalhar mais cedo. Embora o curso de graduação em Wharton fosse (e ainda é) altamente seletivo, foi a única faculdade na qual me inscrevi, e deixei claro que aquela era minha única escolha. Isso que é correr risco. Mas acreditava ter uma boa chance. Eu era uma das melhores alunas, tinha notas altas no SAT e tinha experiência em liderança e trabalho.

Minha aposta valeu a pena. A carta chegou um pouco antes do Natal: eu ia para Wharton. Até agora, tudo estava seguindo conforme o planejado.

Em outro passo estratégico, persuadi meu pai a me ajudar a conseguir um emprego de verão. Logo depois da graduação, fui para a sede da IBM Field Engineering, em Franklin Lakes, Nova Jersey, onde meu pai também trabalhava. Como secretária substituta, assumiria a posição de secretárias em férias. Eu esperava atender aos telefones, anotar recados e fazer tarefas administrativas. Na época, não sabia, mas esse emprego de verão se tornaria uma plataforma de lançamento para minha vida adulta.

Minha gerente na IBM era uma pessoa muito prática — e, com isso, quero dizer que ela tinha quatro pares de sapatos, todos do mesmo estilo, mas em cores diferentes: preto, marrom, branco e creme. Não percebi isso logo de cara, mas depois de uma ou duas semanas, ficou tão óbvio que tive que perguntar.

— Gloria, você deve realmente gostar destes sapatos — disse para ela um dia.

Ela deu uma risada e uma piscadinha.

— Gosto, sim — respondeu. — São os sapatos mais confortáveis do mundo. Por que eu ia querer usar outra coisa?

Não dá para argumentar contra isso. De fato, tudo o que Gloria fazia era lógico e bem pensado, então quando ela me dava um conselho, eu ficava inclinada a segui-lo.

— Shellye, você só está aqui durante o verão — me disse Gloria um dia quando encerramos o expediente. — Sei que é secretária substituta e tem tarefas nas quais se concentrar, mas esta é também uma oportunidade para aprender alguma coisa sobre administração.

— Ok, como faço isso? — perguntei.

— Bem, este é um escritório grande. Você vai conhecer muita gente diferente. Devia conversar com essas pessoas sobre o que elas fazem. Descobrir como tudo funciona.

— Mas não vou atrapalhá-los? — perguntei. — São todos tão ocupados!

— Escute, sei que é um pouco intimidador — comentou Gloria —, mas se você fizer as perguntas de um modo gentil, pode se surpreender. É uma garota ambiciosa e tem oportunidades aparecendo em seu caminho. Acho que qualquer um se sentiria bem em conversar com você e lhe dar alguns conselhos sólidos. E digo mais: as pessoas adoram falar sobre si mesmas, então pergunte.

Isso parecia um conselho fabuloso, então abri o catálogo de ramais da empresa e comecei a fazer ligações telefônicas. Provavelmente não era isso o que Gloria pretendia que eu fizesse, mas acabou sendo uma estratégia vencedora. Eu simplesmente olhava no catálogo e encontrava algo que parecesse interessante: *Vice-presidente de planejamento logístico. O que é isso?* E ligava para o ramal.

— Pronto?

— Olá, senhor, meu nome é Shellye Archambeau e estou trabalhando na IBM durante o verão como secretária. Vou começar a estudar em Wharton no outono e realmente gostaria de conversar sobre o que o senhor faz, já que estou planejando o que fazer com minha carreira.

Este foi o discurso que fiz inúmeras vezes. E sabe de uma coisa? A vasta maioria dos colaboradores que contatei estava disposta a ouvir. Durante todo o verão, sentei-me com vários funcionários da IBM e descobri exatamente o que os cargos deles representavam, o que gostavam no trabalho, o que não gostavam e como conseguiram aquele emprego. Mas não me esqueci do motivo pelo qual fui contratada. Trabalhei duro e tentei deixar a "mesa" que eu assumira em melhores condições do que a encontrara. Valeu a pena. Segundo meu pai, seu período de maior orgulho foi naquele verão, recebendo ligações a cada uma ou duas semanas de executivos da IBM, dizendo-lhe que belo trabalho eu estava fazendo e o quão orgulhoso ele devia estar de sua filha.

Este foi o início de uma prática que segui durante toda minha vida: primeiro, fazer o trabalho que tem em mãos o melhor possível. Segundo, por que adivinhar como ir do ponto A até o ponto B quando dá simplesmente para perguntar para alguém que já fez isso? Aprender isso cedo permitiu com que me movesse com sucesso e rapidez na minha carreira.

Se a estrada para o sucesso começa com escolher um objetivo, ela continua com a estratégia que desenvolvemos para nossa carreira. Enquanto escrevo isso, penso em todas as outras escolhas que podia ter feito na juventude, naquele verão depois que me formei no Ensino Médio. Eu podia ter tirado aqueles meses para descansar e me preparar para as mudanças que me esperavam. Podia ter aceitado um trabalho de verão mais fácil, nos estábulos ou em uma banca de sorvete. Eu podia ter feito o mínimo necessário na IBM e passado o tempo até o dia do pagamento. Honestamente, nenhuma dessas opções me ocorreu. Fiz o que tinha sido encorajada a fazer minha vida toda. Trabalhei duro, fiz escolhas e estabeleci uma estratégia para seguir na direção do meu objetivo. Você pode começar a fazer isso em qualquer momento da sua vida, ou pode retomar isso se já fez alguma vez e desistiu. Nunca é tarde demais ou cedo demais para começar a trabalhar na direção de um objetivo.

Nas conversas que tive com as pessoas da IBM, aprendi muito sobre planejar meus próximos passos. Em Wharton, eu conseguiria o bacharelado em Economia. Com isso, poderia escolher as especializações. Depois, apliquei um pequeno conselho que recebi de um executivo da IBM: se quiser subir rapidamente pela hierarquia da empresa, escolha um ramo em crescimento — esta empresa estará em expansão, criando mais empregos, e vai oferecer muitas oportunidades para avançar. Um setor estagnado ou em queda, por outro lado, fica desequilibrado. Quando as empresas encolhem, há mais competição pelos cargos de alto escalão, e você pode ficar preso onde está.

Estávamos na década de 1980, olhei ao redor e vi um ramo que estava claramente marcado para crescer: o de tecnologia. Parecia a combinação perfeita para meus objetivos, e eu gostava bastante de matemática e de tecnologia. Infelizmente, Wharton não oferecia programas de Ciência da Computação na época, então escolhi Marketing e Ciência das Decisões, um programa baseado em análises que se concentrava em logística e na resolução de problemas, e que exigia cursos de programação.

Quando cheguei a Wharton no outono, tinha um emprego de meio período no campus e, graças à frugalidade dos meus pais, um fundo para me ajudar a pagar por uma boa parte dos custos da faculdade (além de um empréstimo estudantil e um emprego de meio período para cobrir o restante). Eu tinha experiência profissional e um objetivo claro. Era meu momento, e estava pronta para enfrentar o mundo. Ou foi o que pensei.

9. Entenda como as coisas funcionam

Universidades, corporações, agências de governo — essas instituições são o poder organizado. Há muito potencial em suas hierarquias, fluindo por suas fileiras. Se conseguir encontrar o jeito de entrar em uma grande instituição, você pode ser parte de coisas que são muito maiores do que você — como indivíduo — poderia alcançar. Foi o que sempre quis na vida: causar impacto em coisas que são maiores do que eu. Já que está lendo este livro, presumo que você também tenha objetivos ambiciosos.

Mas a ambição não se refere só a se catapultar na direção de seus objetivos. É também sobre se aclimatar a cada passo dado ao longo do caminho. Seja você um universitário recém-ingresso, começando um curso de graduação, começando em uma empresa nova ou assumindo uma posição nova em uma empresa familiar, em cada novo nível você precisa entender como as coisas funcionam e se preparar para se destacar. Uma das maiores transições que os jovens fazem é o primeiro passo na faculdade. Se estiver prestes a entrar na faculdade, este capítulo é feito especialmente para você. Se já chegou lá, pode encontrar suas próprias experiências refletidas nestas histórias.

...

Graças às frequentes mudanças da minha família, quando completei o Ensino Médio, já tinha bastante experiência em começar do zero. Então, na verdade, eu estava mais animada do que nervosa em relação à universidade. Estava orgulhosa por ter conseguido uma vaga em Wharton e ansiosa para viver em uma cidade depois de todo o tempo passado nos subúrbios. Estava no topo do mundo. Ou era o que eu pensava.

Na verdade, tinha feito o que precisava para entrar em Wharton, mas não tinha pensado realmente no que significava assumir esse novo estilo de vida do ponto de vista social, prático ou acadêmico. Cara, eu teria uma bela surpresa. Quando cheguei ao campus, tinha aberto caminho para entrar em uma grande instituição, mas agora estava parada no saguão de entrada, sentindo-me ao mesmo tempo minúscula e imensa. Eu me sentia grande porque sabia o quanto tinha feito para chegar lá, mas pequena porque ainda não tinha um papel ali, nem ideia de como as coisas funcionavam. Sentia-me realmente confusa.

Meu primeiro choque veio na forma da minha companheira de quarto, Lisa. Ela era uma ótima pessoa, não me entenda mal, mas tudo em relação à Lisa era tão... perfeito. Tive a primeira impressão disso durante um telefonema antes da nossa chegada. Por termos sido designadas companheiras de quarto, Lisa e eu tínhamos recebido as informações de contato uma da outra de Wharton, então nos falamos por telefone durante o verão.

A irmã de Lisa já estudava em Wharton, por isso ela tinha todas as informações. Seu primeiro toque de sabedoria: os dormitórios não tinham armários suficientes para as roupas, então ela estava levando um guarda-roupa extra para fazer conjunto com a pequena cômoda que a universidade fornecia, e eu devia pensar em fazer igual. Segundo, para que nosso quarto ficasse bonito, tínhamos que ter colchas combinando. Ela me mandaria as informações necessárias para que eu pudesse encomendar minha colcha também.

Bem, antes de qualquer coisa, minha mãe ainda fazia a maior parte do meu vestuário, e eu não tinha muitas roupas, então, definitivamente, não precisava de um guarda-roupa extra. Em segundo lugar, minha mãe teria um ataque com a história da colcha. Não que fosse muito cara. Era só que não tínhamos muita renda disponível na família e — podia ouvir a voz da minha mãe em minha mente — *por que você precisa comprar uma colcha nova quando já se tem uma perfeitamente boa que dá para levar?* Não fiquei surpresa quando acabei tendo que pagar eu mesma pela colcha.

Veja bem, no Ensino Médio, eu tinha me acostumado a ir para a escola com colegas de classe que tinham um padrão de vida diferente do meu, mas nunca tinha vivido com alguém assim. Lisa vinha de uma família de classe alta em Connecticut. O pai dela era sócio sênior em um escritório de advocacia; sua mãe era decoradora de interiores. Quando, por fim, nos conhecemos pessoalmente, descobri que Lisa era perfeitamente arrumada, desde o cabelo loiro feito no salão até a maquiagem cuidadosamente aplicada para destacar seus olhos escuros. Ela se vestia como uma patricinha da moda e me deixou claro logo de início que não me emprestaria suas roupas.

Apesar da nossa educação distinta, é certo dizer que Lisa e eu estávamos ali para grandes experiências de aprendizado. Conforme avançávamos no ano escolar, abandonando velhas suposições e integrando novas ideias, nos tornamos amigas próximas. Meu ponto nisto é: sempre que entra em uma nova situação, você pode se sentir deslocado, mas não está sozinho. Mesmo que as outras pessoas pareçam pertencer ao lugar, a maioria se sente deslocada em situações novas. Mais importante ainda: esse sentimento é temporário. Seja paciente consigo mesmo e confie que acabará encontrando seu caminho.

A cidade da Filadélfia e o campus da Universidade da Pensilvânia, onde fica a Wharton School, oferecem muitas oportunidades a serem exploradas. São lugares cheios de pessoas interessantes, brilhantes e atraentes, em todas as cores e formas. Embora nosso campus fosse predominantemente branco, dado o tamanho da escola, havia muito mais de todo mundo. Em vez de serem apenas dois ou três negros na minha classe, agora eu estava entre centenas de outros afro-americanos e pessoas de outras etnias. Tinha acesso a toda uma comunidade à qual jamais tive oportunidade de me juntar. De muitas formas, ainda era muito ingênua, apesar dos dois meses que passei na Howard University. Fiquei surpresa em ver o quão pouco sabia sobre a história afro-americana. As pessoas usavam gírias e expressões que eu não entendia. Fui apresentada a novas músicas e passos de dança. Até os populares jogos de cartas que eu aprendera no Ensino Médio eram diferentes ali. Mas o mais importante foi que aprendi que a identidade afro-americana não tinha relação de verdade com aquelas coisas. Tinha relação com ter uma história compartilhada de viver e experimentar os Estados Unidos sendo uma pessoa negra.

Às vezes, minha curva de aprendizado social parecia íngreme, mas nada se comparava à acadêmica. Em Wharton, aprendi rapidamente que não era tão inteligente quanto pensava — ou, para ser mais precisa, que eu precisava me sair muito melhor nos estudos. Sempre fui bem na escola, mas minha maior arma secreta era deixar para a última hora. Equilibrando a escola, o trabalho e as atividades extracurriculares, tinha dominado a técnica de aprender tudo um pouco antes das provas. Eu prestava atenção nas aulas, fazia anotações e, na noite antes da prova, estudava como doida. Bem, isso não funcionava tão bem na faculdade, uma vez que as aulas cobriam muito mais conteúdo e, em geral, havia só duas provas durante o semestre. Depois do meu primeiro teste de meio de semestre, recebi dois B e dois C; fiquei arrasada. Para piorar tudo, todas as pessoas em Wharton eram tão competitivas quanto eu, e muitos eram ainda mais. Ali estavam alguns dos melhores e mais brilhantes alunos do país, e estávamos sendo avaliados em uma curva. Claramente, tinha muito o que aprender na faculdade. Depois de um tempo, eu veria que não precisava aprender tudo sozinha.

Deixe-me avançar um pouco, do primeiro semestre para meu segundo ano. Naquela época, eu já tinha desenvolvido algumas habilidades de estudo novas e estava indo bem nas aulas, mas Contabilidade estava acabando comigo. Naquela aula, recebi meu primeiro D em uma prova, o primeiro D da minha vida. Achei que fosse morrer. Fiquei deprimida com isso durante dias, antes que minha voz interna finalmente irrompesse: *então, o que vou fazer a respeito disso?* Fui conversar com o professor. Ele apontou que eu passava tempo demais criando o balanço patrimonial exigido, depois ficava sem tempo para o restante da prova.

O professor me deu umas duas dicas de estudo e sugeriu partes do texto nas quais eu devia me concentrar na próxima vez. Ao fazer essa visita, mostrei ao professor que me importava com meu desempenho e que estava concentrada em melhorar. Consegui tirar um C nessa aula, mas a lição verdadeira foi essa: quando precisar de ajuda, peça. Gostaria que alguém tivesse me dito isso antes que eu começasse a faculdade, e é por isso que estou lhe dizendo isso agora. Não lute em silêncio. Vá conversar com os professores. (O mesmo conselho serve para sua carreira, mas chegaremos lá mais tarde.)

Ok, de volta ao primeiro ano. Dar de cara com novas pessoas, um novo lar, novas ideias, novas responsabilidades, novas liberdades, novas comidas, novas oportunidades — meu primeiro semestre em Wharton me estimulou. Mas não tinha percebido o quanto até que novembro chegou, e percebi que estava um pouco mal-humorada. Eu sabia que sentia falta da minha família. Não tinha voltado para casa ainda e, como as chamadas de longa distância eram caras na época, tampouco conseguia ligar para meus pais a menos que fosse uma emergência. Então, não tinha nem mesmo contato telefônico para ajudar a facilitar a transição. Mas, foi só quando voltei para casa, no Dia de Ação de Graças, que percebi do que mais sentia falta: dos abraços. Minha família é muito ligada ao toque. Nós abraçamos, damos tapinhas nas costas, apertamos as mãos. Não tinha nada disso em Wharton, e sentia falta. Disso e da comida da minha mãe. Minha mãe era uma cozinheira excelente, e a comida da lanchonete em Wharton era, no máximo, mediana. Vamos dizer que nunca ganhei aqueles quilos extras do primeiro ano. Na verdade, perdi peso.

Olhando para trás, não sei se algo podia ter me preparado — ou podia preparar completamente qualquer jovem — para a transição para a faculdade. Sair completamente de seu elemento, em todos os aspectos de sua vida, tudo ao mesmo tempo? Como alguém se prepara para isso? Meus pais tinham me encorajado a conseguir a melhor educação disponível, a fim de aumentar minhas oportunidades para me manter como adulta. Mas, quando se é criança, a ideia de "oportunidade" é uma coisa vaga. É só quando você realmente dá um passo por conta própria que a realidade estonteante da oportunidade se torna visível. Depois de um tempo, o que me ajudou a me ajustar a Wharton foi a mesma coisa que me ajudou a fazer transições quando criança: me envolver em atividades e fazer amigos.

No fim do primeiro ano, já tinha me juntado a vários grupos — mulheres de Wharton, Stepping Stones e o coral gospel — e tinha conhecido pessoas. Em um esforço de me conectar mais profundamente com a comunidade negra no campus, para o segundo ano planejei, juntamente com minha amiga Carla, uma mudança para o W.E.B Du Bois College House, um dormitório comunitário centrado na cultura afro-americana, com um calendário de atividades enriquecedoras e sociais. Também comecei a fazer parte do Black Wharton, uma organização voltada para administração e liderança. Eu fazia questão de fazer amizades em todos os grupos dos quais participava, mas era a primeira vez que era parte de uma cena social afro-americana, e adorei cada momento. Aprendi mais sobre a história afro-americana e tive chance de conhecer e ouvir líderes comunitários, como Jesse Jackson. Muitas pessoas que conheci por meio do Black Wharton também cresceram em ambientes predominantemente brancos. Por fim, tinha amigos com quem compartilhar experiências. Podíamos ter empatia com as histórias e situações uns dos outros. Pela primeira vez, eu não era a única na sala.

Enquanto fazia amizades em Wharton, as mudanças do meu primeiro ano começaram a se estabilizar; aprendi por conta própria o que pesquisas recentes provaram: as conexões que alguém faz na faculdade realmente o ajudam a ter um melhor desempenho (4). Longe de atrapalhar ou distraí-lo, seus círculos sociais podem aumentar seu progresso. Se pensar bem, faz sentido que as pessoas que vão melhor na faculdade são aquelas com vários círculos de amigos, um para cada ambiente. As amizades que desenvolvemos na faculdade são diferentes dos nossos relacionamentos prévios. São nossos primeiros colegas de verdade. Nós nos conectamos com eles porque gostamos uns dos outros, claro, mas porque também dependemos uns dos outros como colegas de equipe, parceiros de estudos ou colegas de classe que vão compartilhar recursos ou trocar anotações de palestras, ou mesmo como substitutos das nossas famílias. Para alunos de faculdade que fazem parte de minorias, em particular, círculos estreitos de amigos se tornam espaços seguros que oferecem apoio, conforto e aceitação, e isso melhora a confiança e o desempenho dos estudantes.

Como uma adulta olhando para trás, entendo que quando meus pais falavam sobre as oportunidades que a faculdade me traria, era isso o que queriam dizer: a chance de ver o que eu poderia ser capaz de realizar, de desenvolver minhas habilidades, experiência e conexões, para que pudesse me preparar para dar passos ousados na direção dos meus objetivos. Desta forma, a educação universitária é muito mais do que a soma de suas partes acadêmicas. É a sensação de que você pertence a algo, que tem uma fundação de excelência, que tem professores para aconselhá-lo, que tem pessoas a quem recorrer quando precisar delas e que tem pessoas que também podem contar com você. Quando terminei meu primeiro ano na faculdade, não me sentia mais sufocada no saguão de entrada da instituição. Eu tinha aprendido como tudo aquilo funcionava. Tinha encontrado minhas pessoas. Agora, caminhava pelos corredores sem vacilar.

Melhor ainda, eu tinha identificado um padrão comum que ocorre na vida das pessoas ambiciosas: toda vez que você dá um salto gigante adiante, vai aterrissar na base de sua próxima curva de aprendizado. Está tudo bem. É só esperar a situação serenar. Você pode não saber tudo o que precisa saber ainda, mas pode confiar em suas habilidades para descobrir como tudo funciona no novo patamar.

10. Prepare-se para que a oportunidade apareça

Ok, o que estou prestes a dizer pode parecer loucura. Pelo menos, para minha colega de quarto do segundo ano, Carla, parecia.

Um sábado, durante o semestre do outono, fui ao shopping comprar um casaco de inverno. Era o ano de 1981, então a moda era usar ombreiras, mangas soltas e a cintura marcada e ajustada com cinto. Apesar disso, escolhi um casaco de lã reto e solto.

— O que você acha? — perguntei para Carla quando voltei, fazendo uma pose inspirada em um catálogo.

Carla fez uma careta.

— Não sei, Shellye — respondeu ela. — Não acha que está um pouco fora de moda?

— Sim — concordei. — Mas ainda vai servir quando eu estiver grávida, certo?

Carla franziu o cenho.

— Grávida? Você nem tem um namorado sério!

— Ok, mas me escute. Estou com dezenove anos agora, quero me casar e ter filhos ainda jovem, então espero estar grávida daqui uns cinco ou seis anos. Qualquer casaco que eu comprar agora vai provavelmente durar esse tempo, então por que deveria comprar outro casaco quando estiver grávida?

Carla ironizou.

— Não sei, mas, que tal, para ficar bonita?

— Não, é sério! Escute, se eu ficar com esse casaco, cada vez que usá-lo pensarei no futuro. Mas, se comprar um casaco diferente, só vou pensar em como me pareço agora. Tipo, quebrarei a promessa que fiz a mim mesma ao não me planejar para meu objetivo.

— Claro, Shellye — disse Carla. — Eu entendo. Você pode planejar o quanto quiser ficar grávida aos 25 anos, e pode até comprar o casaco para isso, mas, me diga, de onde virá esse homem?

— Não sei ainda — respondi. — Mas pelo menos sei de onde vem este casaco.

Sim, aos dezenove anos de idade, comprei um casaco que poderia servir como roupa de maternidade. Fui criada por uma mulher que, com um orçamento apertado, deu um jeito para comprar um cavalo puro-sangue. Eu sabia que pequenas escolhas e trocas levavam a grandes recompensas. Para esse fim, durante meu segundo ano, também comecei a me voluntariar para trabalhar na equipe de refeições coletivas em eventos do campus, tendo aprendido que, depois que os convidados partiam, eu podia levar as bandejas de queijo e o que mais sobrava para casa. Toda refeição que eu conseguia de graça representava mais alguns dólares na minha conta poupança. Desse e de muitos outros jeitos, estava sempre traçando estratégias, sempre planejando para o futuro.

O Sonho Americano não é fácil de alcançar. Pode levar gerações, como aconteceu com minha família, para uma pessoa sentir que "conseguiu". Graças às gerações anteriores à minha, comecei em uma posição muito boa, mas não podia me dar ao luxo de considerar que já estava tudo garantido. Felizmente, meus pais me presentearam com a capacidade de planejar meu caminho na direção da vida que eu queria e, pelo exemplo, me ensinaram o grau de disciplina necessário para apoiar meu plano. Bem jovem, aprendi que o sucesso está relacionado a se preparar para as oportunidades que aparecerem, para estarmos prontos para tirar vantagem delas quando isso acontecer. Desta forma, como gosto de dizer, você pode fazer sua própria sorte.

Mas nem todo mundo tem esse senso de agência.

Na esteira da Grande Recessão de 2008, muitos jovens perderam a esperança no Sonho Americano. Enquanto minha geração acreditava que tínhamos o poder de moldar a própria vida, os jovens de hoje dizem que veem o sucesso como algo reservado principalmente para os afortunados (5). Isso me deixa mais triste do que posso dizer. Mesmo assim, entendo por que as pessoas podem se sentir dessa forma. Dê só uma olhada na economia. Hoje, só vinte dos cinquenta estados norte-americanos exigem que as escolas ensinem para os alunos os conceitos básicos de alfabetização financeira e econômica (6), o que quer dizer que a maioria dos jovens não estão recebendo a educação necessária para fazerem boas escolhas financeiras logo no início da vida. (Por sorte, agora temos a internet, e uma rápida busca no Google o levará a todo o conselho financeiro de que você precisar.)

Além disso, os graduados nas universidades hoje estão sob maior tensão financeira do que as gerações que os precederam, devido a empréstimos escolares e dívidas de cartão de crédito enquanto tentam começar suas carreiras e formar suas famílias. Pior ainda, está bem documentado que as mulheres trabalham mais por menos dinheiro, o que as torna menos seguras financeiramente do que os homens, não só nos Estados Unidos, mas ao redor do mundo (7). É mais difícil (embora, é claro, não impossível) para as mulheres acumularem riquezas, manter um bom crédito, planejar o futuro e garantir a própria aposentadoria. Sem mencionar as forças muito reais da desigualdade que ainda agem como barreiras para muitos estadunidenses.

Se estiver se sentindo sob alguma dessas pressões, acredite em mim, eu entendo. Não é sua culpa estar nesse lugar, mas é possível mudar suas circunstâncias. Você tem que acreditar que tem o poder para criar a mudança. Sei disso porque conheço a história da minha avó. Quando o marido dela morreu, ela se tornou uma mãe solteira afro-americana sem educação universitária, e cada dia era uma luta. Não importa o quão bem você equilibra as contas se ninguém lhe paga um salário. Mesmo assim, ela conseguiu um emprego depois de um tempo, na verdade mais do que um, e aplicou cada grama de habilidade que tinha para manter a família sem afundar. Esse é o ambiente de onde meu pai veio, e é o conhecimento que ele passou para seus filhos: não importa a circunstância, você tem o poder de avançar na vida.

Sim, foram necessárias várias gerações para minha família realizar o Sonho Americano, por motivos que são dolorosamente óbvios — como a escritura de alforria nos arquivos da minha família atesta, sou descendente de escravos. Mas, com o tempo, trabalho duro e escolhas estratégicas, chegamos a um lugar onde podemos oferecer aos nossos filhos uma base econômica sólida. Talvez tenhamos tido que trabalhar mais duro que algumas outras famílias para chegar até aqui, mas chegamos. E quero o mesmo conforto para todo mundo.

Mas o progresso não acontece por acidente. Você precisa de um objetivo, precisa de um plano e precisa maximizar toda oportunidade que encontrar. Afinal, para que serve um sonho se você não tem estratégia para torná-lo realidade? Para que serve visualizar as alturas que vai escalar, se não tiver ferramentas para construir uma escada? Para mim, na faculdade, maximizar as oportunidades significava escolher um casaco prático em vez de um da moda, significava me voluntariar em troca de uma chance de levar a comida que sobrava para casa, significava manter os olhos no futuro enquanto fazia hoje tudo o que podia para me preparar para o sucesso.

11. Seja estratégico em todas as frentes

Quando o segundo ano terminou e as férias de verão chegaram, decidi me mudar para fora do campus com um grupo de amigos, alugando uma casa em Spruce Street. Desde o minuto em que nos mudamos, aquele lugar ficou cheio de vida. Nós, colegas de casa, cozinhávamos juntos e compartilhávamos nossas histórias cotidianas uns com os outros, como uma família. Tínhamos amigos indo e vindo todo o tempo. Um sábado, um dos meus colegas sugeriu que comprássemos vinho e queijo para fazermos um piquenique na parte plana do telhado, e foi o que fizemos. Eu me sentia tão crescida. Mal sabia que estava prestes a tomar uma das decisões mais importantes da minha vida adulta. Mas, primeiro, deixe-me dar algumas informações básicas.

Durante o ano anterior, tinha feito estágio na IBM. Era um lugar grande, em que era possível conhecer todo tipo diferente de gente, e parecia que sempre havia algum tipo de festa acontecendo nas noites de sexta-feira. Sempre que alguém era promovido, ia ter um bebê ou fazia aniversário — qualquer que fosse o motivo para celebrar —, as pessoas juntavam dinheiro e alugavam uma casa na beira do rio. Quando era época de aulas, não tinha tempo para socializar com as pessoas do trabalho, mas no verão era diferente.

— Você vai à festa na casa alugada? — uma colega estagiária me perguntou em uma sexta-feira de junho.

— Bem que eu gostaria — respondi. — Não tenho como chegar lá.

— Bem, isso não é problema. Posso levar você — ofereceu ela. — Vamos, você vai adorar.

Por que não? Entrei no carro dela depois do trabalho.

Uma festa em uma casa na beira do rio me parecia algo muito elegante, mas, quando chegamos, vi que era só um encontro descontraído — todo mundo conversando e dançando naquele ar animado do início do verão. Adoro dançar, então foi o que fiz para acalmar os nervos. Eu me sentia muito sofisticada, dançando com meus colegas de trabalho mais velhos. Um homem em particular me convidou para dançar algumas vezes, sempre nas músicas mais rápidas, mas parecia que todas as vezes que começávamos a dançar, a música mudava para uma balada.

— Nós temos uma sorte engraçada — disse ele, rindo, depois que isso aconteceu pela segunda ou terceira vez. Os olhos dele brilhavam. Era um cara legal e de boa aparência, também, vestido de terno e gravata. Tinha o físico de atleta, um metro e noventa de altura, ombros largos e cintura estreita. Ele se portava com confiança e um ar divertido, sem mencionar que fazia com que me sentisse em casa com suas brincadeiras fáceis, embora eu fosse mais jovem do que quase todo mundo. Ele era mais velho do que eu também, provavelmente na casa dos 35 anos.

Dancei com aquele homem mais algumas vezes, e ele se apresentou para mim como Scotty, de Compras. Parecia estar flertando, dado o número de vezes que tinha me convidado para dançar. Até onde me dizia respeito, ele era muito velho, e eu não estava interessada. Mas estávamos nos divertindo e estávamos entre colegas de trabalho, então continuei dançando.

Lá pelas dez horas da noite, a festa começou a acabar. As pessoas na pista de dança falavam sobre dar uma esticada em um clube chamado Whispers.

— Você vai para o clube? — perguntei para minha amiga.

— Não, tenho que voltar — disse ela. — Você consegue uma carona para ir embora?

— Posso lhe dar uma carona até lá — disse Scotty. Engraçado como ele sempre estava por perto. — O que me diz? Posso levar você para casa depois.

Olhei para ele e pensei por um segundo. Ele era um desconhecido, mas não tão desconhecido; trabalhávamos juntos no mesmo escritório, afinal de contas. Todos os nossos colegas de trabalho estariam lá. Não era o mesmo que ir para um bar com um cara aleatório. O que podia dar errado?

— Ok — concordei. — Vamos para o Whispers.

Scotty me levou até lá em seu Mazda RX-7 preto. Abriu a porta do carro e a porta do clube para mim, o que achei gentil, e me comprou uma bebida enquanto esperávamos nossos colegas de trabalho. Então, fomos para a pista de dança novamente.

Depois de algumas músicas, olhei ao redor.

— Scotty, você vê alguém da festa por aqui? — perguntei.

Ele negou com a cabeça.

— Eles vão aparecer. Acho que estão apenas atrasados.

Nenhum dos nossos colegas de trabalho jamais apareceu. Tinha falado pessoalmente com meia dúzia de pessoas que planejavam se encontrar conosco no Whispers, mas isso nunca aconteceu.

Então, ali estava eu, dançando com um homem que tinha quase o dobro da minha idade, tarde da noite. E, francamente, me divertindo muito. Conversamos sobre os acontecimentos do dia, incluindo a nomeação de Sandra Day O'Connor para a Suprema Corte. Ele me disse que o mundo seria um lugar melhor se as mulheres o governassem. Ele tinha um ótimo senso de humor, e me divertiu com histórias sobre clientes da IBM e sua família.

Quando Scotty me levou para casa naquela noite, sabia que ele queria me ver novamente. Devo admitir que, nesse momento, estava começando a ficar interessada também. Ele era gentil e bonito, mas, embora parecesse muito mais jovem, a idade era um problema real. Então, quando ele me acompanhou até minha porta e disse "Eu adoraria vê-la de novo", olhei bem no rosto dele e perguntei:

— Scotty, quantos anos você tem?

Ele deu um sorriso tímido.

— 38 anos.

— Bem, tenho dezenove. Sinto muito, Scotty, você é velho demais para mim, mas obrigada. Eu me diverti muito.

— Espere, do que você está falando? — perguntou ele, abrindo as mãos. — Por que...

— Não — eu o interrompi. — Obrigada, mas não.

Dei meia-volta e entrei em casa, fechando a porta na cara dele.

Depois daquela noite, comecei a cruzar com Scotty em todo lugar no trabalho. Engraçado, nós trabalhávamos em prédios diferentes, e raramente o via antes, mas ali estava ele, caminhando entre as baias na minha direção, entrando sem querer na sala de demonstração onde eu estava aprendendo sobre os equipamentos, e parado na entrada do prédio quando eu ia embora ao final do dia. Ele parecia estar por toda parte e, toda vez que o via, queria vê-lo novamente. Tentei me convencer do contrário, dessa paixonite. Era bobagem. Mas não demorou muito para que eu me pegasse procurando Scotty, esperando que ele dobrasse a esquina e sorrisse para mim novamente.

Ok, Shellye, disse para mim mesma depois de algumas semanas. *Você precisa acabar com isso de uma vez. Aceite sair com o colega de Compras, descubra o que tem de errado com ele e deixe tudo isso para lá.*

Não sei o que eu esperava, mas namorar um homem mais velho era definitivamente diferente de sair com rapazes mais jovens. Sumia a bravata e o charme falso de um jovem que só queria uma garota de boa aparência e, em seu lugar, estavam a autoconfiança e a humildade de Scotty, a sagacidade seca e o que parecia ser um interesse sincero em mim. Em vez de passar nosso tempo juntos falando sobre si mesmo — seu dia, seus interesses, suas opiniões —, ele parecia ter uma curiosidade insaciável a meu respeito. Ele me ouvia ativamente. Tratava-me como uma pessoa e, acima de tudo, com um pouco mais de honra e respeito do que eu costumava receber.

Fomos a um encontro, e outro e outro. Nós dois amávamos dançar, e acho que nos sentíamos um pouco estranhos com a diferença de idade, então voltávamos ao Whispers com bastante frequência. Dançar sempre acabava com qualquer embaraço e nos fazia voltar a uma interação mais natural. Quando paramos de nos sentir constrangidos com a questão da nossa idade, nossa interação ficou fácil. Ele me levava a jantares modestos e a concertos grátis. Eu não o deixaria gastar muito dinheiro comigo, porque não queria que as experiências que o dinheiro podia comprar nublassem meu pensamento. Mas o que quer que fizéssemos e onde quer que fôssemos, parecia que estávamos muito distantes das minhas experiências na faculdade. Podia me ver como uma mulher adulta e experimentar essa vida. Era como entrar em um futuro que antes eu só imaginara.

No papel, aquilo não devia funcionar, mas estava funcionando. Comecei a me perguntar se estava mesmo no controle da situação. Eu realmente gostava daquele cara, e ele realmente gostava de mim.

A propósito: com o tempo, Scotty admitiu que, naquela primeira festa, o DJ era seu sobrinho. Scotty lhe fazia um sinal para que ele colocasse uma música lenta todas as vezes que dançássemos. Então, seu bom amigo Ed saiu dizendo para as pessoas que havia uma mudança de planos para o pós-festa — e foram todos para outro lugar. Fui enganada. Acontece que não sou a única que faz planos para conseguir atingir seus objetivos.

...

Um dia, no mês de julho, estava lendo no quarto quando ouvi vozes no corredor — eram duas colegas que moravam comigo.

— Meu Deus, ele é tão velho — disse uma delas.

Fiquei paralisada. Elas deviam estar falando sobre mim e Scotty. Inclinei a cabeça na direção da porta e, com certeza, era sobre mim e meu estranho namorado mais velho.

Eu tinha uma escolha: me esconder no meu quarto e fingir que não estava em casa ou abrir a porta e confrontá-las. Decidi pela abordagem direta. Saí para o corredor. Desta vez, minhas colegas ficaram paralisadas, olhando para mim boquiabertas. Quase dei uma gargalhada ao ver o constrangimento no rosto delas. Em vez disso, sorri:

— Ei — falei. — Escute, esta casa é velha. As paredes são finas.

Risadinhas nervosas.

— Está tudo bem, pessoal — prossegui. — Scotty é velho.

Demos uma risadinha com o fato. Crise evitada, mas sabia que estava em uma encrenca maior do que simplesmente ser alvo de fofoca das minhas colegas de casa. Eu tinha acabado de fazer vinte anos. Scotty era oito anos mais novo do que meu pai e dezoito anos mais velho do que eu. Como diabos isso ia funcionar? O que minha família diria? Isso seria um desafio, e eu tinha que decidir se era um desafio que valia a pena. Scotty era alguém com quem queria algo sério?

Acredito que as pessoas chegam em nossa vida como um pacote, uma combinação de qualidades ótimas e qualidades não tão boas. Ninguém é perfeito, então, ao escolher um parceiro de vida, você precisa saber o que é absolutamente necessário em alguém e o que dá para viver sem. Decidi fazer esse trabalho por mim mesma. Primeiro, escrevi as qualidades que eu procurava no cara ideal — escrito à mão, em papel milimetrado, apenas para meus olhos. Pensei muito no que queria, e fiz inicialmente uma lista bem longa. Então, a reexaminei e eliminei tudo o que não era realmente crítico. Minha lista final incluía qualidades como autoconfiança; autossuficiência; saber cozinhar, limpar e lavar roupa; ser divertido, gostar de pessoas; ser dedicado à família; disposto a ficar em casa com os filhos; me apoiar e me amar incondicionalmente.

Agora, tudo o que eu tinha que fazer era descobrir quais das coisas daquela lista Scotty não tinha; e então teria um motivo para terminar o relacionamento.

No fim de cada encontro, Scotty estacionava o carro na frente da minha casa e desligava o motor. Ficávamos no carro por horas, conversando, conversando e conversando mais um pouco. Sobre tudo. Principalmente, fazia perguntas, e não do tipo fácil de responder. Eu o interroguei sobre sua filosofia de vida, sua personalidade, seus objetivos para o futuro. Estava tentando de verdade encontrar um motivo, qualquer motivo, pelo qual não devia me casar com aquele cara. Porque era o que eu queria: me casar logo e ter filhos ainda jovem. Depois disso, queria realizar grandes coisas em minha carreira. Precisava saber se aquele homem de 38 anos estava pronto para apoiar minha visão. Se ele não estivesse, eu precisava seguir em frente e encontrar alguém que estivesse.

Foi assim para mim na faculdade: quando estava saindo com alguém, se eu determinasse que a pessoa não era alguém para casar, parava de namorar com ele imediatamente. Afinal, queria aumentar minhas chances de me casar com vinte e poucos anos, e ficar comprometida com alguém só por diversão reduziria minhas oportunidades de encontrar o parceiro de vida certo. De seu lado, Scotty sentia sua própria urgência. Ele sabia que nossa diferença de idade era um problema. Mas ele tinha sido casado antes e não queria entrar em algo que não o fosse tornar mais feliz do que ele era sendo solteiro. Então, conversamos e conversamos, noite após noite, sob a luz do poste na frente da minha antiga casa na Spruce Street.

Não demorou muito para que eu encontrasse os esqueletos no armário de Scotty, e pode acreditar que tirei cada um deles de lá e os examinei sob a luz. Descobri que ele tinha sido bem maluco. Na faculdade, ele gostava de festas e parecia estar com frequência em meio a situações polêmicas. Na verdade, a Morgan State University tentara expulsá-lo algumas vezes. Mas, sem contar suas travessuras, ele era um aluno forte e atlético, sempre conseguia sair das confusões. Mesmo mais tarde, depois de ser convocado para o exército como polícia militar, Scotty era um cara que trabalhava duro e festejava à altura.

Ele me contou tudo sobre seus dias de agiotagem, emprestando dinheiro para outros rapazes até o dia do pagamento, e cobrando o dobro na hora de receber. Ele me contou até mesmo sobre um incidente de maior importância, pelo qual nunca foi pego (sobre o qual é melhor que eu deixe os detalhes de fora), mas que podia tê-lo deixado bem encrencado. Em vez de ser pego, ele conseguiu dispensa honrosa e voltou ao mundo do trabalho, em grande parte ileso.

Eu ficava feliz que Scotty compartilhasse aquilo comigo, mas, como alguém muito bem-comportada, achei aquela história alarmante. Acrescente-se o fato de que ele já tinha sido casado e não durara. Desde então, ele estava solteiro e não tinha planos para se casar novamente.

— É que nunca conheci alguém com quem quisesse me casar — explicou ele. — Não que eu seja contra casamentos; é só que eu não quis.

— Mas você ama sua família, você adora crianças — falei. — Não quer isso na sua vida?

Ele sorriu para mim, os olhos brilhando.

— Com a pessoa certa, sim.

Eu tinha que pensar sobre isso também. *Eu queria uma vida com este homem? Que tipo de marido ele seria?* Decidi pedir um conselho para minha mãe sobre o que fazer na sequência, o que mais precisava descobrir sobre esse homem.

— Bem, você precisa descobrir como ele trata a própria mãe — disse ela. — Sempre acreditei que, no fim, um homem vai tratar a esposa do jeito que trata a mãe.

Então, perguntei e observei, e descobri que Scotty era um filho fantástico. Ele ajudara a mãe e a irmã financeiramente em vários momentos de necessidade, e até as levara a uma viagem pela Europa.

— Visito minha mãe de tempos em tempos — disse ele. — Só para dar uma olhada em tudo e ver como ela está. Sou o filho favorito dela.

Claro que conseguia ver a força do relacionamento deles quando eles estavam juntos.

Quando contei isso para minha mãe, ela ficou quieta por um instante. Então, falou:

— Shellye, o que você pretende fazer quando ele lhe pedir em casamento?

— Mãe! Só faz alguns meses. Ninguém vai se casar ainda — respondi. Mas estava com frio na barriga.

— Bem, você devia ficar pronta — comentou ela. — Para mim, parece que ele está.

Agora percebo que minha estratégia de namoro pode parecer um pouco exagerada. Também percebo que nem todo mundo quer se casar ou ter filhos tão jovem. Percorremos um longo caminho desde que escolhi Scotty como um potencial parceiro de vida. Namoros são diferentes. Casamentos são diferentes (8). Famílias são diferentes. As pessoas fazem diferentes escolhas de vida. Mais pessoas estão escolhendo não ter filhos, e aqueles que resolvem ter filhos estão fazendo isso muito mais tarde, tendo menos filhos e criando-os de forma diferente (9). Suas escolhas de relacionamento e sua família podem parecer muito distintas das minhas. Mas não importa o que você queira, dá para configurar sua vida para aumentar as chances de fazer isso acontecer. Se encontrar um parceiro está na sua lista, a abordagem que usei na faculdade ainda vai funcionar: decida o que quer, determine o que precisa e trace estratégias com base nisso. Fale sobre diversos assuntos, compartilhe todas as suas expectativas e os seus planos e encontre alguém que está na mesma página de vida que você.

...

Estávamos em agosto, e as noites quentes de danças e conversas abafadas no Mazda ainda eram tão revigorantes para mim quanto uma caminhada entre as estrelas. Estava fora de mim, e meu coração sabia desesperadamente o que queria. Mas havia algo sobre o que Scotty e eu não tínhamos conversado, e estava ficando sem tempo para trazer o assunto à tona. Se Scotty estivesse se preparando para me pedir em casamento, eu tinha que lhe fazer a grande pergunta.

— Scotty — eu disse uma noite, estacionados no meio-fio na noite azul da Filadélfia —, sei que já falamos sobre filhos. Você quer filhos, e eu também quero.

— Sim, isso mesmo — disse ele.

— Bem, na minha infância, minha mãe sempre ficou em casa — comentei. — Eu voltava da escola, e minha mãe estava lá.

— A minha trabalhava no contraturno — contou Scotty. — Assim, ela conseguia ficar em casa conosco quando eu era pequeno.

— Então, quando eu chegava em casa, sempre era a primeira a voltar da escola. Entrava correndo pela porta, largava os livros e a primeira coisa que ia fazer era comer alguma coisa. Minha mãe me fazia companhia e perguntava sobre meu dia. E então eu ia fazer a lição de casa ou qualquer outra coisa, e basicamente a mesma cena se desenrolava quando minhas irmãs e meu irmão chegavam. Jantávamos juntos quando meu pai chegava do trabalho.

Scotty sorriu.

— Ok...

— Bem, quando meu pai chegava em casa, lembro que nunca tínhamos muita coisa para contar para ele sobre nosso dia. Porque já tínhamos contado tudo para minha mãe. Era como se fossem notícias velhas. Mas minha mãe sabia tudo da nossa vida, porque ela estava bem ali quando chegávamos. Ela tinha que nos incentivar a contar o que tinha acontecido para nosso pai.

Scotty assentiu e ergueu uma sobrancelha.

— Então, decidi que realmente gostaria de poder ter alguém em casa com as crianças, em especial, enquanto elas estivessem na escola — falei.

— Ah, sim. — Ele sorriu. — Seria algo muito bom.

— Sim — concordei. — Mas a questão é que... não quero que seja eu.

E lhe dei um olhar expressivo.

Scotty fez uma pausa, arregalando os olhos quando percebeu o que eu queria dizer.

— Hum — disse ele.

Olhei para ele com cuidado e fiquei quieta, observando-o pensar no assunto.

Depois de um tempo, Scotty suspirou.

— Sabe, Archambeau — disse ele —, já tive muitas experiências na minha vida. Tive três carreiras diferentes, e você sabe que eu gosto de trabalhar.

Prendi a respiração.

— Mas — prosseguiu ele —, acho que consigo me ver fazendo isso por você.

Sorri.

— Ok, então.

Naquele momento, tive certeza. Aquele era o homem certo para minha vida.

...

Algumas semanas mais tarde, Scotty me pegou em casa para um encontro. Íamos voltar ao Whispers, nosso clube favorito, para dançar. Ele parou no estacionamento e desligou o carro; comecei a abrir a porta — mas Scotty se recostou em seu assento.

Humm, pensei. Tirei a mão da porta.

Scotty ligou o rádio do carro. *Let's Groove*, de Earth, Wind & Fire, tocava baixinho. Scotty suspirou e me lançou um olhar penetrante.

— Ei, Archambeau — disse ele —, quer se casar comigo?

O tempo ficou mais lento, ou talvez tenha parado de vez. Bem lá no fundo, ouvi uma voz baixinha: *Ok, Shellye. É isso. Tem certeza de que é isso que você quer? Está pronta para dar um salto no desconhecido?*

Mas não era desconhecido. Eu tinha planejado aquilo. Conhecia aquele homem. Tinha descoberto tudo o que podia sobre ele. Sabia que ele seria um bom parceiro e um torcedor, quando precisasse de um. Ele sabia o que eu queria da vida e estava disposto a me apoiar. Ele era bom para sua família, e eu acreditava que seria um bom pai. Sabia que queria me casar e começar uma família cedo. De fato, não podia esperar. E, sim, podia ver uma vida com Scotty.

Já tínhamos falado tanto sobre isso que eu podia imaginar acontecendo. Conversamos tanto sobre isso que ele quase não teve que me pedir. *Mas ele está me pedindo em casamento assim?*, pensei. *Tão de repente, tão casual? Eu me importo com isso?*

Minha mãe estava certa quando disse que ele estava se preparando para pedir minha mão. Ela me disse para pensar no que eu diria. Eu tinha pensado. Eu sabia o que ia dizer. Sorri de orelha a orelha.
— Sim.
E então nos beijamos e fomos dançar.

12. Promova sua autodeterminação

Antes de contar sobre como minha família reagiu ao meu noivado com Scotty, quero fazer uma pausa por um momento e falar sobre autoconfiança.

Autoconfiança é a capacidade de dizer "sim" a si mesmo quando a maioria das pessoas ao seu redor está dizendo "não". É o poder de acreditar na própria capacidade de fazer escolhas sobre sua vida — e não só fazer escolhas, mas fazê-las com responsabilidade.

Quando jovem, não era fácil, para mim, ter autoconfiança. Ou talvez eu possa dizer que nasci com certa autoconfiança, mas quase a perdi durante meus anos na escola em Granada Hills. A confiante garotinha Shellye, que assumiu o comando quando suas irmãs estavam preocupadas com o Papai Noel, desapareceu de muitas formas por um tempo. Precisei de mais de uma década — dos oito aos dezoito anos, mais ou menos — para desenvolver meu senso de identidade, para preencher o cubo que usava como pingente no colar durante o Ensino Médio.

Durante aquela época, tive sorte de estar cercada por uma família amorosa e de encontrar alguns professores atenciosos. Seja devido à natureza ou pela criação, ou por uma combinação de ambos, continuei a me esforçar para viver meu potencial e me preparei para oportunidades desafiadoras que me tirariam das sombras. Conforme cresci e fiquei mais confortável em minha própria pele, descobri cada vez mais que meu potencial era maior do que esperava.

Agora entendo que nos tornamos pessoas autodeterminadas quando satisfazemos três áreas psicológicas: competência, autonomia e pertencimento (10). Em resumo, a competência é a capacidade de cuidar você mesmo de algo; a autonomia é a sensação de poder fazer as próprias escolhas e procurar seus interesses; e o pertencimento significa sentir-se parte de algo. Pesquisas mostram que, se você não tem os três, é provável que tenha dificuldades ou se afaste de seus desafios. Mas, se conseguir fortalecer as três áreas, estará preparado para estabelecer seus próprios objetivos de vida e alcançá-los.

Olhando para trás, vejo agora com que cuidado meus pais me orientaram para que eu me desenvolvesse nessas três categorias. Embora essa pesquisa não existisse naquela época, os instintos e a experiência de vida deles lhes deram sabedoria suficiente. Hoje, quando olho ao redor, para meus colegas, mentores e heróis de sucesso, vejo que eles também trabalharam essas qualidades, preenchendo constantemente essas lacunas, para poder continuar usufruindo delas. Parece que, assim que desenvolve a combinação certa de pertencimento, autonomia e competência, você tende a saber como mantê-la.

Quando reflito sobre minha própria autodeterminação, vejo que cresci com níveis relativamente altos de competência e autonomia, mas minha sensação de pertencimento não era muito desenvolvida. Embora me esforçasse para fazer conexões com as pessoas, por ser a "única" ou uma das poucas pertencentes a minorias, ainda me sentia diferente. É por isso que, quando finalmente cheguei a Wharton, procurei outros alunos afro-americanos. Queria desenvolver amizades com pessoas cujas experiências de vida eram similares às minhas. Aumentar meu pertencimento me ajudaria enquanto estava me ajustando à vida universitária, e continuaria a dar frutos no longo prazo.

Sem dúvida, mulheres jovens, negros, imigrantes ou filhos de imigrantes, pessoas com deficiências, jovens LGBTQIA+, primeiras gerações de universitários — qualquer um que cresça "diferente" — enfrentarão mais desafios no caminho até a verdadeira autodeterminação. Mas acredito que qualquer um, em qualquer estágio da vida, pode construir uma fundação melhor.

Dê uma olhada em sua própria vida. Que fatores-chave de autodeterminação você desenvolveu? O que está faltando? O que pode fazer para desenvolver sua competência, autonomia e pertencimento? Até pequenos passos podem fazer uma grande diferença — como telefonar para executivos da IBM para saber mais sobre seus trabalhos (competência), como aprender a costurar em vez de esperar que minha mãe fizesse minhas roupas (autonomia), como desenvolver conexões com novos colegas na faculdade (pertencimento). Que pequenos passos você pode dar para desenvolver sua autodeterminação? Dar esses passos agora vai fortalecer sua capacidade de estabelecer e alcançar objetivos ambiciosos.

Também vai fortalecer sua capacidade de permanecer firme em suas decisões, mesmo quando as outras pessoas não têm tanta certeza.

13. Tome uma posição

Comecei a namorar Scotty em junho, e ficamos noivos em setembro. Terminei meu segundo ano em Wharton como uma mulher solteira e, no começo do terceiro ano, eu estava noiva. O romance turbulento era excitante e um pouco assustador, mas ao mesmo tempo parecia certo. Não sentia que estava dando um salto no escuro. Eu tinha feito minha lição de casa. Tinha feito minha pesquisa. Sentia-me preparada e plenamente ciente do que estava fazendo.

Mas nem todo mundo sentia a mesma confiança.

Quando telefonei para minha mãe e contei que Scotty tinha feito o pedido, a resposta dela foi impassível:

— E você disse...?

— Eu disse "sim", mãe. Estamos noivos!

— Bem, Shellye, parabéns! Estou feliz por você — respondeu minha mãe, a impassividade dela lançada ao vento. — Sempre soube que se casaria com alguém mais velho. Você sempre foi uma alma antiga. Eu costumava dizer para as pessoas que você tinha três anos, mas parecia que tinha trinta.

Dei uma risada, ainda sentindo frio na barriga.

— Obrigada, mãe.

— Mas, escute, dezoito anos são uma diferença grande — prosseguiu ela. — Só quero que tenha certeza de que pensou em como isso vai ser para você. Não agora, não hoje, mas em trinta ou quarenta anos. As grandes questões não são agora, mas mais tarde. Quando ele estiver na casa dos setenta e você nos cinquenta. Vocês estarão em dois estágios diferentes, fisicamente, talvez até em questões de saúde. Só tenha certeza de entrar nisso com os olhos bem abertos.

— Sim, mãe — respondi. — Pensei nisso quando estava me perguntando se ele era o cara certo para mim, e pensei novamente quando você me disse que ele ia me pedir em casamento. Sei o que isso significa, mas sei que ele é a pessoa certa para mim.

— Bem, então lhe dou todo o meu apoio — garantiu ela. — Então, como vai querer contar para seu pai, seu irmão e suas irmãs?

— Dá para manter entre nós duas por enquanto? — pedi. — Talvez eu pudesse ir para casa e contar pessoalmente.

— Acho que é uma boa ideia — responde ela com suavidade.

Meu pai era um osso mais duro de roer. Ou talvez um livro mais difícil de ser lido. Apesar de todo o seu charme e sua habilidade em contar histórias, ele não era alguém que costumava falar dos próprios Então, fui para casa em um fim de semana, levei-o para almoçar e contei para ele — ele me parabenizou de modo gentil. Mas realmente não conseguia dizer como ele se sentia a respeito. Depois, minha mãe me contou que ele estava preocupado com a diferença de idade.

— Mas ele confia em seu julgamento, Shellye — disse ela. — Ele confia em você para fazer essa escolha.

Minhas irmãs Lindy e Niki tinham, respectivamente, dezoito e dezessete anos na época. Arch tinha apenas quinze. Lindy estava prestes a ir para a faculdade, e Arch não podia sequer dirigir. Embora já tivesse vinte anos e estivesse entrando na vida adulta, para os três, eu era igual a eles, e não ficaram impressionados com meu noivo que beirava os quarenta anos.

— Sério. Ok... Estou feliz por você, acho — disse Niki quando contei para ela, seu ceticismo como uma brisa gelada.

— Sim, parabéns — disse Arch com um meio sorriso.

Lindy não disse nada. Ela não gostava muito de Scotty, que a provocara um pouco demais nas primeiras vezes em que se viram. Ela não aprovava aquele homem rude e não se importava que eu soubesse disso.

Então, chegou a hora de contar para minha avó. Uma semana ou duas mais tarde, fui visitá-la e não estava em sua casa nem dez minutos quando ela começou:

— Shellye, este anel no seu dedo sai tão fácil quanto entrou — falou ela com uma expressão severa.

— Eu sei, vó — respondi. — Já pensei nisso.

— Bem, e você já parou para pensar por que ele nunca mais se casou depois da primeira esposa? Ele está com 38 anos. O que estava fazendo todos esses anos? Você acha que...?

— Vó — eu a interrompi. — Amo a senhora. Mas se só vamos falar sobre isso todo o final de semana, vou voltar para o campus. Estou aqui para visitá-la e espero que possa ficar feliz por mim, mas já tomei minha decisão e, não importa o que diga, não vou mudar de ideia.

Minha avó me olhou com atenção. E então mudou de assunto.

Com o tempo, toda a minha família acabou amando e aceitando Scotty. Mas, naqueles primeiros anos, eles me deram várias oportunidades de praticar uma habilidade que eu usaria muitas vezes ao longo da vida: expressar confiança em minha decisão bem fundamentada, mesmo em face ao ceticismo. Sabia o que queria e me mantive firme. Com o tempo, eles acabaram todos do meu lado.

14. Construa sua reputação

Comecei o penúltimo ano em Wharton com meu plano de vida personalizado em pleno andamento. Estava recém-noiva, trabalhando três dias por semana na IBM, fazendo muitas disciplinas na faculdade, participando de várias organizações sociais e ainda me voluntariando para trabalhar nas recepções para poder levar para casa aquelas bandejas e queijo grátis. Posso dizer que minha vida era um turbilhão? Mas eu adorava.

Naquele ano, acertei o passo como universitária. Sabia como as coisas funcionavam, e minhas velhas tendências em relação à liderança retornaram. No penúltimo ano, concorri para a presidência da Black Wharton e ganhei. Comecei a gravitar rumo a papéis organizacionais em projetos de classe e nos clubes. Estava ficando melhor em reconhecer as habilidades individuais e interesses dos meus colegas, e gostava de fazer projetos que faziam todos se sentirem motivados e orgulhosos dos resultados.

Pessoalmente, meu grande objetivo era me formar em boas condições e com um dinheiro guardado para o casamento (por isso eu ainda levava as bandejas de queijo para casa). Scotty e eu já tínhamos concordado que não havia motivo para nos casarmos antes da minha formatura, então nosso namoro de quatro meses foi seguido por um noivado de quase dois anos. Nós nos víamos aos fins de semana, sempre que podíamos. Enquanto isso, eu economizava dinheiro com a mesma agressividade de sempre. Já tinha alguns milhares de dólares no banco, mas queria pelo menos dez mil.

Sem dúvida, estava exagerando, mas eu era enérgica e entusiasta a respeito de tudo aquilo. Não conseguia deixar nada de lado, então aprendi a sobreviver com menos sono. Não era fácil. Quero dizer, tiveram momentos em que negligenciei meu relacionamento com Scotty um pouco além da conta, pois estava concentrada na minha vida universitária. Às vezes, meus estudos eram prejudicados porque eu estava ocupada demais. Em alguns momentos, o estresse me pegou de jeito e surtei completamente, deixando que as dúvidas e a negatividade enchessem minha mente, me convencendo de que eu ia fracassar em tudo. Então, me lembrava de ligar para meus amigos ou para minha mãe para me acalmar. Mas, de modo geral, eu conseguia manter tudo em ordem.

Aquele ano passou tão rápido que quase nem percebi. Foi só na primeira semana do meu último ano que consegui parar para analisar meu progresso. Naquela semana, comecei uma disciplina nova de Marketing, na qual devíamos completar um projeto de consultoria para uma empresa de verdade. O professor nos dividiu em grupos de trabalho, e comecei cumprimentando todo mundo e me apresentando, como em geral fazia.

Uma das garotas disse:

— Shellye, estou tão animada em trabalhar com você. Você tem uma reputação tão boa!

Fiquei um pouco surpresa. Conhecia aquela aluna de vista, mas não nos conhecíamos. Não pensava em mim mesma como uma aluna de alto nível no campus e não sabia nada sobre reputação ou como ela tinha ouvido falar sobre isso. Será que ela estava realmente falando de mim ou tinha me confundido com alguém?

— Obrigada — respondi. — Mas o que você quer dizer com isso?

— Quero dizer que você está sempre andando por aí com roupas sociais — disse ela. Era verdade: eu usava roupas sociais no campus nos dias em que trabalhava na IBM, para não ter que ir para casa me trocar.

— Você já se acertou, Shellye — minha colega de classe falou. — Já tem um emprego; já anda por aí como uma profissional; as pessoas gostam de estar na sua equipe. Você manda muito bem.

É engraçado como a síndrome do impostor sobe à cabeça — mesmo quando eu estava me sentindo mais confiante e competente, ainda me via como a mesma Shellye, correndo da aula para o trabalho, lutando para manter tudo em pé. Nunca tinha pensado na impressão que causava. Realmente tinha um emprego. Estava assumindo papéis de liderança no campus. Sem mencionar que tinha perspectivas de emprego e entrevistas já engatilhadas. Talvez eu não tirasse sempre notas máximas nas aulas, mas ia me formar em Wharton e receber meu diploma, e me casar e começar uma carreira, tudo seguindo meu plano de vida. Todo esse tempo, eu só estava tentando fazer o melhor possível e, embora sem meu conhecimento, estava construindo uma reputação. As pessoas me viam e formavam suas impressões. Comecei a prestar atenção nisso.

Aliás, desde aquele dia, sempre me visto bem para o trabalho. Qualquer que seja o traje aceitável para a ocasião, tento garantir que estou um degrau acima. Não sou um cabideiro, mas tento parecer bonita. Já vi em primeira mão a diferença que isso causa na impressão que as pessoas têm de você. Isso é importante, especialmente para mulheres em cargos de liderança. Pesquisas mostram que se vestir bem pode melhorar seu estado mental e sua autopercepção (11). E — sejamos honestos — gosto disso. Até hoje, se acordo muito cansada ou me sentindo mal, eu me visto bem. Quando me visto bem, costumo receber elogios e, francamente, isso me ajuda a me sentir melhor.

A lição sobre construção de reputação também ficou comigo. Quando se trata de construir sua reputação, as escolas que você cursa e seu desempenho causam um impacto. Fui criada para acreditar, e sempre acreditei, que uma boa educação abre portas. Mas o que é uma "boa" educação? Você precisa ter um diploma de uma universidade de prestígio para conseguir um bom emprego? Você precisa tirar notas máximas para chamar a atenção de um empregador? Precisa ter pós-graduação?

No início, sua educação — a faculdade que você fez, suas notas, os diplomas — vai fazer diferença nas oportunidades que terá logo depois da universidade. Mais tarde, não vai importar tanto — sua reputação no mercado de trabalho vai superar seu registro acadêmico. Por exemplo, poucos se importam com o fato de eu ter graduação em Wharton, mas não pós-graduação, por causa de tudo o que conquistei em minha carreira.

O que você pode fazer se não teve o mesmo acesso às oportunidades de educação que outros candidatos a um emprego tiveram? Tenho algumas ideias para você.

Primeiro, não importa em que faculdade você esteja, faça o melhor que puder lá, construa sua rede de contatos e sua reputação entre seus colegas de classe e professores. Não estou só falando sobre ter boas notas; estou falando sobre provar-se capaz de outras formas também, como publicar artigos ou livros, atuar como presidente de clubes ou associações, ou conquistar prêmios.

Segundo, se sua graduação não foi feita em uma universidade de prestígio, como Harvard ou MIT, você pode pensar em fazer um programa de pós-graduação. Algumas pessoas fazem empréstimos para financiar a pós-graduação, mas há outras opções, como procurar uma empresa que apoie sua educação continuada. Se você é um bom funcionário e tem potencial, muitas empresas vão investir para ajudá-lo a fazer uma especialização, porque precisam de pessoas com esse tipo de treinamento. Em geral, em troca, você se compromete a permanecer na empresa por determinado período.

Por fim, seja criativo. Independentemente se está atrás de diploma, trabalhando para terminar a pós-graduação, começando em um emprego novo ou traçando uma estratégia para mudar sua carreira, encontre meios de provar que é capaz, dedicado e ambicioso. Porque, na verdade, é isso o que os empregadores procuram em cada estágio da sua carreira.

O sistema educacional está maduro para uma disruptura (12), e ainda não sabemos como essa mudança se manifestará. Felizmente, as estratégias para o sucesso continuam sendo as mesmas. Primeiro, vá atrás de educação, treinamento e oportunidades de trabalho que aumentem seu valor no mercado de trabalho. Depois encontre meios de provar e registrar seu valor e dedicação. Com o tempo, não será o nome da instituição na qual você se formou que vai abrir portas para você; vai ser o nome que você construiu para si mesmo — sua reputação estelar — que vai girar a chave.

15. Sejam parceiros no planejamento

Scotty é o tipo de pessoa que larga tudo o que está fazendo e atravessa alguns estados dirigindo só para ajudar sua mãe. Ele me ensinou todos os tipos de lições sobre ser útil, estar presente para as pessoas das quais você gosta e se divertir. Ao longo dos meus dois anos de noivado, minha família teve muitas oportunidades de ver a gentileza dele em ação. Ele chegava a visitar minha família sem mim. Fazia o jantar para eles e assistia a um jogo de basquete das minhas irmãs ou de futebol do meu irmão. Não levou muito tempo para que os céticos aprendessem a amar e admirar Scotty. Ele teve que trabalhar duro para impressionar Lindy e minha avó, mas até elas acabaram mudando de ideia.

Ao mesmo tempo, estava começando a conhecer a família dele.

— Ei, Bud, posso perguntar uma coisa? — Scotty me perguntou um dia. Eu tive que me acostumar a ser chamada de Bud, um apelido carinhoso que ele usava para todo mundo de quem gostava.

— Claro, o que foi?

— Meus irmãos me perguntaram por que você não vai usar meu sobrenome.

— Ah. — Não tínhamos falado muito sobre o assunto, mas era algo que tinha sido acordado desde o início. *Será que ele está mudando de ideia?* — Você sabe que eu gosto do meu sobrenome — respondi.

— É diferente, gostaria de mantê-lo. Não vou pedir que você use meu sobrenome. — Sorri. — Só que preferia manter o Archambeau. Você está mudando de ideia sobre concordar com isso?

Ele sorriu.

— Não, nada disso. Archambeau é um belo sobrenome. É que nunca tinha perguntado para você por que quer mantê-lo, então, quando eles me perguntaram a respeito, não tinha como responder. Bem, é isso o que vou dizer para eles.

Não foi surpresa para nenhum de nós, mas vários dos irmãos de Scotty achavam que era um pouco frustrante que eu não usasse o sobrenome dele. De sua parte, Scotty não se importava, não se sentia nem um pouco ameaçado e realmente acreditava que eu era capaz de tomar minhas próprias decisões. Você consegue entender por que eu achava esse homem incrível?

Desde nosso noivado, nossas conversas tarde da noite sobre nossas filosofias e valores de vida tinham assumido uma tendência decididamente mais realista. Agora, ficávamos absortos em discussões sem fim sobre nossa futura vida juntos. Sim, Scotty se tornou meu parceiro de planejamento. Tínhamos muitas decisões a tomar. Eu estava prestes a iniciar meu caminho para me tornar CEO, mas quais oportunidades me levariam a ser líder de uma empresa em um espaço de tempo razoável? Em quanto tempo eu poderia me tornar a principal provedora de nossa família? O que Scotty faria com sua carreira nesse meio-tempo? Quando teríamos filhos e como iríamos criá-los?

Nessa época, estava fazendo entrevistas com empresas que iam até o campus recrutar os recém-formados. Uma dessas empresas era a Xerox, e eu estava pensando seriamente em trabalhar lá. Era no setor de tecnologia; estavam me oferecendo uma boa colocação, com potencial de gestão no futuro. No entanto, tinha dúvidas se essa era a empresa certa. Eu previa que software e computação eram áreas em crescimento, mas a Xerox era focada em equipamentos, e eu não via indicativos de que eles planejavam sair desse nicho.

Enquanto progredia pelo processo seletivo, meus pensamentos continuavam voltando para a IBM. A empresa parecia se encaixar em todos os objetivos que eu tinha. Já trabalhava lá como temporária há anos, e gostava de verdade.

Então, se ia ficar com a IBM, eu precisaria me colocar em um caminho agressivo imediatamente, primeiro na direção do nível de gestão e, com o tempo, na direção do papel de CEO. Comecei a planejar minha estratégia pesquisando os CEOs e executivos do passado e do presente da IBM. Como tinham subido de posição? Não demorou para que eu visse um padrão: quase todos eles começaram em vendas. Então, era o que precisava fazer.

Lembra-se do que eu disse sobre manter sua posição mesmo quando os demais não concordam com você? Bem, quando compartilhei minha decisão de carreira com meus amigos de Wharton, eles acharam que eu estava louca.

— O que quer dizer? Vai se formar em Wharton e arrumar um emprego em vendas na IBM? Isso é loucura.

Na mente deles, um formado em Wharton devia ser diretor em Wall Street ou se tornar gerente de marcas da Procter & Gamble. Em resumo: vendas não era impressionante o bastante. Suponho que outra pessoa teria cedido à pressão dos pares ou mudado de ideia para atender às expectativas deles. Mas sabe de uma coisa? Eu tinha um objetivo, tinha pesquisado o caminho mais comum para levar até aquele objetivo, e aquele caminho era vendas. Então, era o que eu ia fazer.

Com minha direção definida, Scotty e eu tínhamos mais planos para fazer. Sempre tive orgulho dessa parte em específico da estratégia, e de como nós dois a executamos bem. Ia me formar em junho, e estávamos planejando nos casar no dia 25 de agosto. Se quisesse entrar na área de vendas da IBM, tinha que completar o programa de treinamento, que poderia levar de doze a dezoito meses. Na época, a IBM contratava uma pessoa por um salário e periodicamente mandava essa pessoa para Dallas ou Atlanta para uma sessão de treinamento. Eu almejava a Divisão de Sistemas de Grande Porte, que vendia computadores mainframe, software e serviços, porque teria mais oportunidades ali, então isso significava que meu treinamento me mandaria para Dallas a cada poucas semanas, durante o ano seguinte ou mais.

No entanto, por mais que quisesse começar minha carreira com um grande impulso, também queria começar uma família imediatamente. Do jeito que eu imaginava, quanto antes tivéssemos filhos, melhor seria para nossos planos. Mas, com os planos de construir uma carreira e uma família ao mesmo tempo, era provável que eu estivesse grávida (e, possivelmente, muito grávida) durante meu período de treinamento de vendas, então voar para Dallas se tornaria um problema. Mas eu tinha a solução e, em uma noite, a apresentei para Scotty enquanto estávamos sentados no sofá da sala de estar dele.

— Só tem uma resposta, querido — disse para ele depois de expor todos os detalhes. — Acho que temos que morar em Dallas.

Scotty coçou o queixo.

— Pode dar certo — disse ele. — Só preciso conseguir um emprego lá. Posso encontrar uma casa para nós, e você pode ir para lá depois da formatura e conseguir um emprego na filial de Dallas.

— Eu posso ir para o treinamento de carro, em vez de avião — eu disse, ansiosa. — Talvez, eu possa até avançar alguns dos treinamentos e terminar o programa antes da chegada do bebê. — Porque, para mim, rápido nunca era rápido demais.

Scotty deu uma gargalhada e balançou a cabeça, mostrando ruguinhas nos cantos dos olhos.

— Archambeau, que bebê? E se o bebê não concordar com seu calendário? Tem coisas que não dá para planejar.

— Ah, mas eu posso tentar — respondi, batendo nele com uma almofada.

— Bem, estou impressionado — disse ele. — E mal posso esperar para começar uma família com você. Mas se nós dois estivermos trabalhando e tivermos um bebezinho, teremos que pensar em como cuidar dele. Vamos precisar de alguma ajuda.

— Já pensei nisso também — falei.

Scotty deu uma risadinha.

— Claro que pensou. Me fale, então.

— Acho que vamos precisar de mais do que apenas uma babá, e não quero ter que ir e voltar de uma creche todos os dias — eu disse. — Se contratarmos alguém para morar conosco, essa pessoa também pode ajudar nas tarefas de casa e, então, você e eu podemos nos concentrar em nossos trabalhos e em passar tempo juntos, como família.

— Claro, parece ótimo — concordou Scotty. — Mas esse tipo de ajuda é caro. Ganho relativamente bem, mas se vamos comprar uma casa, pagar pelo casamento e arcar com todos os outros custos de ter um bebê, vai ficar bem apertado. Podemos realmente nos dar esse luxo?

— Não sei, mas precisamos ver se conseguimos fazer dar certo — respondi. — Os primeiros anos da minha carreira são realmente importantes, quero flexibilidade para me concentrar no trabalho quando for necessário. Não preciso de muito mais do que isso.

— Se é importante para você, vamos fazer as contas — disse Scotty, colocando a mão em meu joelho.

— É importante para minha carreira e é importante para todos nós — comentei.

— Lá vem você falar sobre esse bebê de novo, como se ele já tivesse nascido. — Ele deu um sorriso e apertou meu joelho de leve. — Ok, vamos pegar a calculadora.

Scotty estava certo, é claro — alguns elementos desse plano não estavam completamente sob meu controle. Mas eu não ia deixar que isso me impedisse de alcançar o sucesso. Certamente, com o planejamento adequado, poderíamos aumentar nossas chances de conseguir exatamente o que queríamos, quando queríamos. Então, começamos a trabalhar no nosso orçamento.

Fizemos contas e mais contas, até que deu certo. Deixamos os cuidados com o bebê como nossa principal prioridade e arranjamos o resto do orçamento com base nisso. Isso não nos deixava muito espaço de manobra, mas podíamos comprar uma casa barata nos subúrbios de Dallas com um quarto extra para a babá. Essa localização representava mais tempo de deslocamento, então precisaríamos ter dois carros com baixo consumo de combustível, provavelmente usados. Scotty se inscreveu como palestrante em um cruzeiro em troca da viagem grátis, com isso, economizamos dinheiro da lua de mel, e eu cobriria os custos do casamento. O resto ia para nossas economias e despesas ocasionais.

Era isso: nosso plano. No mesmo instante, Scotty começou a se candidatar para oportunidades de promoção em Dallas, e depois de uns dois meses ele conseguiu uma vaga como gerente de produto. Fomos um fim de semana de avião para Dallas para comprar uma casa. Então, Scotty se mudou para lá, enquanto eu estava terminando a faculdade e planejando nosso casamento.

Queria um casamento grande e, já que estava pagando por ele, foi o que tive. Antes de qualquer coisa, queria que todo mundo que era próximo a mim estivesse ao meu lado no altar. Nossas famílias todas vieram, e nossa lista de convidados incluía todo mundo do meu passado — de Los Angeles a Connecticut, de Nova Jersey à Filadélfia — e os colegas de faculdade de Scotty. Acabamos convidando quase quatrocentas pessoas, e mais de trezentas realmente apareceram. Scotty tinha uma conexão com Alfie Pollitt, um lendário líder de banda da Filadélfia que fez uma turnê com Teddy Pendergrass e, com a ajuda de Alfie, demos uma bela festa, com horas de música para dançar.

A única coisa que nos esquecemos: de explicar a questão dos nossos nomes para Alfie antes que ele anunciasse os noivos na pista de dança. O nome verdadeiro de Scotty é Clarence Scott, e eu continuaria Shellye Archambeau. Quando fizemos nossa grande entrada, diante de centenas de nossos familiares e amigos, Alfie pegou o microfone e anunciou:

— Apresentando... Sr. e sra. Scotty Scott!

Scotty gargalhava tanto que estava chorando quando me puxou para um beijo.

Fora isso, tudo correu como o previsto. Depois do casamento, Scotty e eu fomos para um belo hotel em Nova York e, na manhã seguinte, pegamos aviões separados, cada um com assuntos para tratar. Não nos vimos por uma semana, quando finalmente nos encontramos para nossa lua de mel, em um cruzeiro pelo Caribe. Então, nos mudamos para nossa casa no subúrbio de Dallas e começamos a trabalhar.

Foi assim que minha real aventura começou: a aventura da vida adulta. Eu esperava estar pronta para ela.

coloque em prática

Terceira parte

16. Execute o plano

Era uma vez, uma mulher que conseguiu tudo o que queria: um marido carinhoso, uma carreira promissora e um bebê a caminho. E, então, a realidade se fez presente.

Meu grande plano fora executado com perfeição. Fiquei grávida em pouco tempo e, graças à nossa mudança para Dallas, eu estava acelerando meu programa de treinamento em vendas na IBM. Depois que o bebê nascesse, planejava tirar uma licença de cinco semanas e voltar a trabalhar a tempo da grande conferência, começando como vendedora por cota.

Bem, acelerei um pouco demais. Terminei o treinamento em vendas mais cedo e acabei começando a trabalhar por cota no oitavo mês de gravidez. Ah, bem, dizem que a vida acontece enquanto você está fazendo planos.

Entre os longos dias de trabalho, o trajeto, tentar mobiliar uma casa sem dinheiro e preparar o quarto do bebê, Scotty e eu começamos a frequentar as aulas de parto, em que praticava os exercícios respiratórios sem muita convicção. Eu ficava deitada no chão, apoiada em travesseiros, com Scotty ao meu lado, segurando minha mão e contando o tempo:

— Inspiração longa... solta, solta, solta... inspiração longa...

Depois de uma ou duas vezes fazendo isso, eu começava a sussurrar a lista de compras que precisávamos comprar ou tentava discutir nossa agenda. Porque, sério, sabia que queria uma anestesia epidural.

O que posso dizer? Não sou ligada em dor e estava feliz em poder optar por tirar essa parte do parto. Com todo o respeito para as mulheres que escolhem o parto normal — só não era para mim. Não lido bem com dor. Correção: não lido com dor de jeito nenhum. Sou tão covarde que sou conhecida por gritar por causa de corte de papel. Eu queria deixar o terror de lado e passar direto para celebrar o milagre da vida. Scotty apoiou minha decisão — na verdade, já que estamos sendo honestos, ele não queria me ver sofrer e odeia ver sangue, então ele não se importava em se juntar a mim apenas depois que tudo tivesse terminado. Ele não planejava estar presente na sala de parto. Como resultado, eu via as aulas de parto como um desperdício de tempo precioso. Fazia os exercícios, mas, mentalmente, Scotty e eu estávamos os dois completamente alheios àquilo. Eu ia tomar uma epidural, fim de história.

Dizem que você tem o filho que precisa, não exatamente aquele que planejou. Kethlyn nos fez saber logo de cara como ela se sentia sobre nós tomarmos todas as decisões por ela.

Acordei cedo na manhã do dia 17 de junho (quem dorme nas últimas semanas de gravidez?). Como sempre, tinha que ir imediatamente ao banheiro. Saí da cama, tentando não acordar Scotty, segurando a barriga enquanto rolava para fora do colchão e ficava em pé. O sol estava começando a nascer, e eu conseguia ver o contorno da nossa rua tranquila pela janela. Entrei no banheiro e me sentei. Sentia a pressão, mas, quando tentei, nada aconteceu. Então, ela me acertou: uma onda de cólicas.

O que é isso?, pensei. *Estou em trabalho de parto?* Mas algo estava estranho. Eu senti mais algumas cólicas poucos segundos depois. Não tinha que ter um intervalo maior entre as contrações?

— Scotty? — chamei.

Eu conseguia ouvi-lo se mexer na cama. Quando me levantei e caminhei até a porta do banheiro, outra contração me atingiu.

— Scotty? — disse novamente. — Querido, acho que estou tendo contrações.

Ele se sentou na cama.

— Ah, uau, ok. Vou pegar o cronômetro.

Enquanto ele saía para buscar o aparelho, senti outra contração, bem mais forte desta vez, e dobrei o corpo. *Isso está indo rápido demais.*

Não deviam começar mais devagar?, eu me perguntava. *Bem, não fique ansiosa, apenas respire.*

O cronômetro confirmou minhas suspeitas. As contrações tinham menos de cinco minutos entre si. *Não acredito que isto está acontecendo. Espero estar pronta.* Scotty telefonou para o médico, e comecei a me vestir, parando de tempos em tempos, respirando pesado enquanto as contrações continuavam acontecendo. Então, o braço quente de Scotty estava ao redor de meus ombros.

— Bud, não há motivo para pânico, mas precisamos levar você para o hospital imediatamente.

Por sorte, o hospital ficava a quinze minutos de carro, porque quando chegamos lá, eu estava já em pleno trabalho de parto. Oito centímetros de dilatação. O bebê estava chegando — não havia tempo para epidural. Eu, a pessoa que não aguentava nem a menor das dores, estava prestes a ter um parto normal.

Imagine isso: eu na área de triagem, em uma maca, as horríveis luzes fluorescentes no teto. As enfermeiras tentando colocar uma intravenosa no meu braço. Neste ponto, estou berrando de dor, implorando que me deem algum remédio cada vez que recupero o fôlego. Scotty está segurando minha mão e acariciando meu rosto, tentando me acalmar. As enfermeiras gritam umas com as outras, tentando encontrar um médico. É o caos. Por fim, somos levados embora por pessoas vestidas de pijamas cirúrgicos e, na animação, elas simplesmente presumem que Scotty quer estar na sala do parto. Então, colocam um avental nele e vamos todos embora. Exatamente ao contrário do que planejamos.

Não tinha feito absolutamente nenhum exercício mental para me preparar para a dor, e agora estou completamente perdida. O pobre Scotty está em pânico, e tudo o que ele consegue fazer é apertar minha mão enquanto eu grito. Quando a dor do parto para durante um segundo, grito:

— Scotty, devolva minha mão! — Ele estava apertando com tanta força que ela ficou dolorida depois.

Posso dizer uma coisa de Kethlyn: ela é uma pessoa decidida e, felizmente, sabia que era hora de nascer. Por mais ridícula que toda a cena fosse, tudo terminou em quinze minutos, assim:

Eu empurrando com toda minha força, quando escuto alguém exclamar, "E aí vem...". Sinto o alívio físico no exato momento em que o pronunciamento é feito:

— É uma menina!

Então, escuto meu bebê chorar. A enfermeira a coloca na cama, ao meu lado. Por um breve momento, vejo uma coisinha pálida, os olhos fechados, os punhos se movendo sem parar, antes que a enfermeira a leve para poder lavá-la. Fecho os olhos, meu peito sobe e desce pesado enquanto tento recuperar o fôlego. Estou dolorida, exausta, aliviada e tão, tão feliz. Scotty se inclina na cama e, antes que possa dizer qualquer coisa, eu falo:

— Você sobreviveu!

Ele dá uma risada e me beija.

Daquele momento em diante, somos para sempre uma família. Não importa mais como eram nossos planos. Neste ponto, não me importo com mais nada que não seja nossa filha.

Depois, quando fui levada em uma cadeira de rodas até meu quarto semiparticular, eu estava ensopada de suor e rouca de tanto gritar. De um parto de quinze minutos. A mulher que dividia o quarto comigo se sentou e me olhou.

— Foi você quem acabou de dar à luz? — perguntou ela. — Era você que ouvi gritando?

Um pouco envergonhada, assenti. Aparentemente, fiz com que o hospital inteiro soubesse que Kethlyn estava a caminho.

...

Nas semanas seguintes, Kethlyn e eu ficamos totalmente à mercê uma da outra — aquela fase única da maternidade na qual toda sua identidade é desmantelada e reconstruída sob a luz do rosto do seu filho, na escuridão de noites exaustivas, na fraqueza da vulnerabilidade e na força dos milagres da vida. Ela era tão linda que tirava meu fôlego.

Ela também eliminou qualquer crença que pudesse ter sobre, de algum modo, ser mais forte ou mais capaz do que outras mulheres, sobre ser capaz de lidar com o fato de ter um recém-nascido e voltar a trabalhar em semanas. O que aconteceu com Shellye, a mestre estrategista? A Shellye que tinha tanta certeza de que tinha tudo sob controle — para onde ela tinha ido? De repente, uma grande parte de mim sentia que não tinha ideia do que estava fazendo, absolutamente nenhuma. Mais uma vez, eu era só uma pessoa neste mundo imenso — simplesmente Shellye, sozinha e ansiosa. Não me sentia tão vulnerável assim há muito tempo.

Durante toda minha vida, sempre me apoiei em minha família quando me senti vulnerável, e eles sempre me deram força. Naquelas primeiras semanas de maternidade — e em todos os momentos, na verdade —, Scotty teria carregado todo o meu peso se eu precisasse. E, de vez em quando, suponho que precisei. Sua calma e capacidade de enfrentar qualquer situação com tranquilidade me centralizaram. Minha mãe também estava ao meu lado, viajando até Dallas para nos ajudar durante duas semanas. Logo conseguimos ajuda adicional na forma de Becky, a babá que chegou logo depois de Kethlyn, e entramos na rotina. Tivemos uma enfermeira excelente no hospital, que sugeriu que, embora eu estivesse amamentando, déssemos mamadeira para Kethlyn às duas da madrugada, para que Scotty pudesse fazer isso. (Eu, definitivamente, me casei com o homem certo!) E, como bônus, isso tornaria a transição para a mamadeira mais fácil quando eu voltasse a trabalhar.

Muito antes de voltar ao trabalho, estabelecemos um cronograma. Scotty cuidaria da mamadeira das duas da madrugada. Eu daria o peito às seis da manhã, e Becky assumiria a responsabilidade por Kethlyn às oito. Scotty tinha que ir para o trabalho muito cedo — cinco ou seis da manhã. Eu sairia lá pelas oito. Becky ficaria com Kethlyn durante o dia, e Scotty chegaria em casa lá pelas quatro e meia para assumir. Eu chegaria lá pelas sete. Enquanto nos adaptávamos a essa rotina, aos poucos minhas horas de sono voltariam ao normal e minha ansiedade começaria a se estabilizar também. Mas eu ainda não sabia disso.

Mesmo assim, saber que tínhamos um cronograma definido era útil. Quando me pegava preocupada em como seria a volta ao trabalho, me lembrava: *Eu me planejei para isto. Vai dar tudo certo*. Mas não era fácil. Se soubesse como seria difícil voltar depois de cinco semanas, não acho que teria colocado isso no meu plano. Mas foi minha dedicação ao plano — minha crença nele — que me fez seguir em frente. Eu conhecia Scotty e tinha traçado uma estratégia seguindo minha ambição e, quando pensava dessa forma, queria voltar ao rumo.

Argh! Ainda balanço a cabeça quando penso naquela Shellye de 23 anos e em quanta agitação ela tinha. Por exemplo, minha primeira semana de retorno ao trabalho coincidiria com minha primeira grande conferência de vendas. Com o evento bem diante de mim, comecei a fazer exercícios físicos assim que possível depois que Kethlyn nasceu. Afinal, a conferência não era só uma conferência, era também um retiro, e eu precisaria usar um maiô. Quem faz isso?

Até mesmo fazer as malas para a conferência parecia algo importante: experimentar as roupas para ver se alguma serviria, parar de vez em quando para acalmar minha filha que chorava ou para ordenhar um pouco de leite enquanto Scotty e Becky organizavam o cronograma para cuidar de Kethlyn na minha ausência. Scotty estava preocupado comigo, acho, mas nunca me deu um momento de tristeza por partir para uma conferência tão cedo. Ele entendia a importância dessa oportunidade, por isso me apoiou completamente. Graças aos céus, porque só a ideia de partir me causava uma tristeza tão grande que não conseguia nem colocar em palavras. O tipo que brota de algum lugar mais profundo que seu coração, de algum lugar biológico, genético.

Mesmo assim, eu fui. Fiz as malas, dei uma centena de beijos de despedida em meu marido e na minha filha, entrei no táxi e fui para o aeroporto. Enquanto me afastava, olhei pela janela. Podia ver o reflexo do meu próprio rosto, apenas um contorno sobreposto nas ruas e carros de Dallas. *Uau*, pensei. *Eu vou mesmo fazer isto. Vou voltar para minha vida na IBM.* Mas me sentia tão diferente agora. Eu estava diferente. Avançar na carreira que tinha planejado — essa parte era excitante. Mas a tristeza avassaladora? Isso eu não tinha antecipado. Era uma mistura bem potente de emoções.

No aeroporto, não conseguia parar de pensar em Kethlyn e, então, como se para acentuar este ponto, meu leite começou a vazar. Tive que correr para o banheiro e mudar os absorventes para seio. Foi quando a velha voz da insegurança voltou. *Eu consigo fazer isto?* Honestamente, não sabia. Mas ia descobrir.

Naquele momento, se alguém me dissesse que a conferência tinha sido cancelada, teria voltado para casa em cinco minutos e abraçado meu bebê. Mas, se alguém me dissesse que eu podia faltar na conferência, que estar com meu bebê era mais importante do que este grande passo divisor de águas da minha carreira — não sei. Na verdade, suponho que saiba. A empresa não estava me obrigando a voltar a trabalhar tão logo. A escolha era minha. Fui para a conferência porque sabia que Kethlyn ficaria bem com meu marido e a babá, e porque sabia que a conferência era uma oportunidade que, se perdida, podia me deixar consideravelmente para trás. Fiz uma escolha racional e paguei um preço emocional e físico. Deixar Kethlyn era tão difícil, meu coração doía, e meus seios também. Eu tinha parado de amamentá-la abruptamente, pois quis amamentá-la o máximo possível antes de voltar ao trabalho. A dor e o desconforto dessa decisão eram muito reais. Mas faria novamente.

Lembro-me do que aquele momento significava para mim: tinha planejado aquilo desde o Ensino Médio. Tinha ido para a faculdade por causa daquilo. Tinha traçado minha estratégia. Tinha completado meu treinamento — em um ritmo acelerado — para aquilo. Aquele seria meu primeiro momento real da Shellye adulta, profissional, fazendo o trabalho para o qual tinha sido contratada. Sim, já estava trabalhando por cota algumas semanas antes do nascimento de Kethlyn, mas não era a mesma coisa — eu não era uma representante de vendas normal naquela época; era a garota nova e em gravidez avançada. Por fim, naquela conferência, seria vista pelas minhas capacidades e realizações. Estava pronta para ser a representante de vendas Shellye — nada mais, nada menos.

Mais importante: a conferência de três dias acontecia apenas uma vez por ano e era crucial para cumprir minha cota. Ali, eu encontraria os tomadores de decisões de todos os meus clientes: 7-Eleven, Neiman Marcus, cadeias de supermercados, grandes varejistas nacionais. Era hora de causar boa impressão e começar a desenvolver relacionamentos. Precisava que eles vissem meu rosto, que me conhecessem, porque apostava que logo mais estaria vendendo para eles. Eu tinha que estar lá, queria estar lá e, assim que cheguei, fiquei real e profundamente feliz. Mais ou menos, esse foi o tema dos meus primeiros anos como esposa, mãe e profissional: fazendo escolhas o tempo todo. Risque isso. Esse tem sido o tema de toda minha vida adulta: não foram sacrifícios, mas escolhas.

No fim, a conferência fluiu bem, ainda que rápido. Honestamente, mal me lembro de um momento dela agora, mas lembro de voltar para casa. Cansada e feliz, desci do táxi e entrei pela frente. A casa estava escura e em silêncio. Kethlyn já devia estar dormindo. Abri a porta e encontrei Scotty esticado em uma cadeira na sala de estar. Ele se levantou sonolento. *Ele parece mais exausto do que eu*, pensei. Dei-lhe um abraço. Então, em silêncio e o mais rápido que pude, corri para ver meu bebê.

Ela parecia um anjo, a pele clara cor de chocolate toda rechonchuda, com um queixo duplo que queria parecer. Tinha as orelhas minúsculas e quase sem cabelo, só umas penugens finas castanhas. Enquanto dormia, seus lábios se moviam um pouco — como se estivesse falando no sonho. Fui tomada por um sentimento de amor. E meu leite começou a vazar.

...

Alguns dias depois da conferência, Scotty e eu recebemos um telefonema do nosso amigo Jerry.

— Ei, o que vocês dois vão fazer hoje à noite? Ouvi dizer que tem uma ótima banda se apresentando no clube. Querem ir?

Quase comecei a rir histericamente, mas consegui me controlar e dar só uma risadinha.

— Jerry, você está louco? Lembra que temos um bebê agora?

— Ah, é — disse ele. — Eu esqueci. Mas vocês conseguem uma babá, certo?

Desta vez, dei uma gargalhada.

— Hum, não, não consigo uma babá para esta noite, em cima da hora. Vocês vão ter que se divertir sem nós.

Depois que desliguei, peguei Scotty me olhando com um sorriso divertido.

— O que foi? — perguntei ainda rindo um pouco.

— Archambeau, parece que toda nossa dança está sendo em casa ultimamente.

Ele me estendeu a mão e começamos a dançar devagar pela sala de estar, em silêncio. Não sei dizer o que Scotty estava pensando, mas meus pensamentos eram claros: *Isto é real. Nossa vida antiga se foi para sempre... E está tudo bem.*

Acontece que não tínhamos tempo suficiente para dançar nem na sala de estar da nossa casa. Nos dois anos seguintes, tudo o que fizemos foi trabalhar, cozinhar, comer e dormir. Os dias se juntavam uns nos outros; as noites eram curtas demais. Claro, compartilhamos incontáveis momentos de alegria, mas eram cercados de responsabilidades infinitas, e nunca com sono suficiente. A maternidade é difícil. Em especial a maternidade quando se é jovem. São tantas demandas para poucas horas — não é de estranhar que muitas mulheres acabem excessivamente estressadas e autocríticas durante esse período da vida. Pelo menos, dá para encontrar um pouco de conforto em saber que é difícil para todo mundo; você não está sozinha.

O mais difícil para mim era tentar ajudar Kethlyn quando ela estava chorando. Era tão frustrante que ela não pudesse me dizer qual era o problema. "Fale comigo!", eu implorava — mas claro que isso não era possível, e nós duas acabávamos ainda mais angustiadas. Scotty parecia lidar melhor com essa situação, lidava com o choro dela com calma. Ou talvez fosse só minha percepção. Eu só não queria que meu bebê sofresse; ficava torturada quando não sabia como ajudá-la.

Kethlyn, no entanto, estava se desenvolvendo bem. Era linda e tão inteligente, e nos maravilhávamos em ver como ela aprendia rápido. Com a ajuda de Becky, nossa garotinha prosperava e, apesar de toda a correria e agitação, sabia que a vida estava se desenrolando exatamente como tínhamos planejado. Tínhamos traçado uma estratégia, feito um orçamento e concessões para poder continuar trabalhando sabendo que nossa filha estava segura e feliz. Aprendi a confiar em minhas decisões e, conforme as semanas passavam, me sentia mais segura. Estava tudo dando certo.

Mais do que isso, via o poder do nosso planejamento estratégico. Se tivéssemos mudado mesmo que um elemento do nosso plano financeiro — se não tivéssemos priorizado o cuidado com nossa filha em nosso orçamento, se tivéssemos nos mudado para uma casa mais cara, se tivéssemos financiado carros novos ou gastado mais dinheiro em diversão —, aquilo não teria sido possível. A sensação de segurança que eu tinha agora, sabendo que minha filha estava sendo bem cuidada — eu tinha renunciado a outras coisas por aquilo, e tinha feito uma boa troca. Fiz um pequeno agradecimento a Shellye e ao Scotty do passado, e me dediquei ao meu trabalho com maior confiança.

17. Entenda da área

Na IBM, só estava começando a entender como as coisas funcionavam. Como já não era mais a funcionária novinha em folha, depois de um ou dois anos, comecei a ver alguns padrões. Especificamente, vi padrões entre os executivos. Se iria me tornar CEO da IBM, precisava entrar no caminho dos executivos; mas, às vezes, parecia que os executivos só existiam em algum outro planeta, e eu os acompanhava a milhões de quilômetros de distância. Invisível.

Então, o que era necessário para me tornar visível como eles? A IBM tinha várias reuniões grandes, nas quais observava como os executivos agiam e se comportavam. Eles sempre pareciam preparados para assumir o pódio e, mais impressionante ainda, cada um deles era um excelente orador. Eles pareciam confortáveis diante de uma multidão, tão à vontade em ser como eram. Eu, definitivamente, não tinha aquela habilidade. Sim, tinha feito algumas apresentações em Wharton e alguns discursos em várias organizações — mas ficar diante de centenas de pessoas e fazer comentários improvisados? Isso era tão fora da minha zona de conforto que minha pulsação acelerava só de pensar a respeito. Era claro que eu precisava trabalhar naquilo e tinha uma ideia de como fazer isso.

Uma noite, fui para casa com um folheto dos Toastmasters. Esperei até que Kethlyn fosse para o berço e Scotty terminasse o jantar. Quando ele se levantou da mesa com um suspiro, eu me levantei também e coloquei o panfleto diante dele, pegando seu prato com a outra mão.

— Querido, queria conversar com você sobre o Toastmasters. Acho que é algo que preciso fazer.

Ele pegou o panfleto impresso em papel brilhante e o abriu.

— Toastmasters é tipo um clube de oratória, certo? Alguns caras que conheço já participaram.

— É isso. É para aprender a falar melhor em público. Eles fazem você praticar a falar para grupos sobre assuntos diferentes e lhe dão um feedback direto até que você fique bom nisso. — Coloquei os pratos na pia e abri a torneira para correr água sobre eles. — Acho que preciso ficar boa nisso se quero ser uma executiva.

Scotty se afastou da mesa, se aproximou de mim e se recostou no balcão da cozinha para me olhar direto no rosto.

— Claro. Sabe que vou apoiá-la, Shellye, mas você consegue assumir mais essa responsabilidade agora?

Sorri, sabendo exatamente o quão cansada eu parecia — porque ele parecia do mesmo jeito.

— Bem, é isso que queria perguntar para você. São duas noites na semana, depois do trabalho.

A expressão de Scotty mudou. Eu podia vê-lo processar o que aquilo significava: duas noites por semana tomando conta das coisas em casa, alimentando Kethlyn e colocando-a para dormir, sem minha ajuda. Duas noites a mais por semana nas quais não poderíamos nos ver por mais do que alguns momentos.

Fechei a torneira e abri a lava-louça, deixando-o pensar enquanto colocava os pratos lá dentro. Então, me virei para ele e coloquei a mão no quadril.

— Sei que é pedir demais para você...

— Sim, é um pedido e tanto — disse ele, mas seus olhos sorriam. — Mas, se você pensou no assunto e é algo que precisa fazer, não vou ficar no seu caminho. Me diga como vamos fazer isso funcionar.

Nos dias seguintes, fizemos um plano para aquelas preciosas poucas horas durante a semana. Simplesmente, não tínhamos mais dinheiro para gastar, então o tempo era nosso único recurso. Cuidamos daquele tempo como se fosse ouro — e, na verdade, era. Otimizamos nosso plano que já era eficiente para que Scotty pudesse dar conta de tudo sozinho, e fui para o Toastmasters.

Na verdade, nós dois sabíamos o que aquela escolha representava: estávamos priorizando minha carreira em detrimento da dele, exatamente como discutimos antes de nos casarmos. Scotty não estava investindo tempo no desenvolvimento da própria carreira, porque estava investindo na minha. Sabia o quanto significava que meu marido e minha filha estivessem em casa enquanto eu gastava tempo e energia na minha carreira. Ainda sou grata e sempre soube que faria todo o possível para recompensá-los, proporcionando aos dois a melhor vida que eu conseguisse.

Enquanto seguia com firmeza naquela direção, o tempo passava rapidamente. Sabe quando você olha ao redor e parece que tudo ficou estável e previsível no fim das contas? E que você sabe que é hora de agitar as coisas? Em 1986, Kethlyn estava andando por aí sozinha, tagarelando e rindo. Eu tinha terminado meu período com o Toastmasters e, para ser honesta, isso melhorou tanto minha confiança que até minha postura corporal melhorou. Estava obtendo ótimos números de vendas e me sentia pronta para dar o próximo passo.

Enquanto fazia o melhor possível no emprego que eu tinha, continuei observando e aprendendo, entendendo o campo que estava diante de mim e qual a melhor maneira de permanecer no jogo, de modo a terminar conquistando o cargo de CEO. Desde aquela reunião reveladora com minha conselheira no Ensino Médio, estava em uma jornada de investigação e progressos. Primeira pergunta: como alguém se torna CEO? Olhei para os CEOs, de onde vinham e como chegaram lá. Uma coisa era certa: eu não encontrava ninguém parecido comigo, então sabia que tinha que trabalhar duro para melhorar minhas chances. Como melhorei minhas chances? Estudando em Wharton, dando duro nas aulas e no meu emprego de meio período, me envolvendo em clubes e desenvolvendo uma reputação. Feito. Próxima pergunta: Em que lugar eu queria fazer aquilo? Previ que encontraria oportunidades crescentes na área de tecnologia, em especial no ramo de software e computação, então lá fui eu, garantindo meu lugar em uma empresa importante, a IBM (quero dizer, se defini que quero ser CEO, por que não mirar em uma empresa de ponta, certo?). Até agora, minha escolha estratégica de começar no departamento de vendas da IBM estava valendo a pena. Mas o que vinha a seguir? Eu sabia que precisava avançar na direção de uma posição executiva e, ao longo do caminho, precisava de experiência em gerenciamento geral. O primeiro passo real para isso seria uma função de gerente de filial. Continuei avançando, indo de marco em marco, fazendo cada escolha em prol do meu objetivo.

Claro que eu estava fazendo aquilo baseada em um cronograma, porque se você não tem um cronograma é fácil se tornar complacente, deixar as coisas como estão e deixar a vida seguir seu rumo. Se você tem um cronograma e se pauta por ele sem vacilar, então as coisas acontecem. Olhei para as atuais gerências de filiais na IBM e percebi que a maioria tinha assumido o posto lá pelos trinta anos. Então, estabeleci meu cronograma: queria ser gerente de filial aos trinta anos de idade.

Enquanto isso, me aproximava do passo seguinte do plano da nossa família. Antes de nos casarmos, Scotty e eu tínhamos conversado sobre quantos filhos queríamos. Concordamos em ter dois, se tivéssemos um menino e uma menina. Se os dois primeiros fossem do mesmo sexo, tentaríamos mais uma vez. No máximo três. Bem, depois do parto caótico, sem epidural, de Kethlyn, não tinha voltado a mencionar o segundo filho. Scotty tinha me dado espaço, mas com Kethlyn já com dois anos de idade, ele começou a levantar o assunto — com cada vez mais frequência. Por fim, eu já estava olhando para nosso anjinho rechonchudo e ouvindo aqueles pensamentos engraçados sobre "mais um". *Outro pequeno querubim... Só não pense no parto em si. Pense nos milagres! São os milagres que importam.*

Logo me convenci e, em meados de 1987, era oficial. Eu estava grávida de novo, repleta daqueles sentimentos agora familiares de animação e náusea, medo e hormônios, desconforto físico e sonhos vívidos. Alguém novo estava prestes a se juntar à nossa família.

18. Não pense duas vezes

Em uma noite no começo do outono, logo depois do jantar, eu balançava Kethlyn no colo.

— Minha bonequinha — murmurei quando ela começava a cochilar —, como acha que seu irmão ou irmã vai ser? Que nome acha que devemos dar para ele ou para ela? — Acariciei seu cabelo, perdida no momento, enquanto Scotty estava sentado perto de nós no sofá.

— A-hã — ele limpou a garganta, baixinho. — Recebi uma notícia hoje.

Virei para encará-lo.

— Oh-oh — sussurrei com um sorriso. — Que tipo de notícia?

Scotty levantou sua cerveja.

— Fui promovido. Se eu quiser. Um centro de atendimento de clientes em Harrisburg, Pensilvânia, precisa de um gerente.

— Uau — eu disse. — Parabéns, isso é ótimo. Deixe-me colocá-la para dormir e podemos conversar a respeito.

Enquanto colocava Kethlyn no berço, pensei sobre o que aquilo poderia significar. Eu não tinha que pensar se esse era um bom passo para Scotty. Era, e se encaixava nos nossos planos de seguir nossas carreiras para onde elas nos levassem. *Uma mudança de volta para o leste nos deixaria mais próximos de nossas famílias. Poderia subir, fazer disso uma promoção. Mas estou grávida. Alguém me daria um bom emprego se soubesse?*

Voltei para a cozinha, sentei no sofá e falei:

— Ok, vamos fazer isso. Mas não vou contar para ninguém que estou grávida.

Scotty inclinou a cabeça.

— Ok, mas por que não?

— Bem, acho que posso pleitear um cargo sênior se tiver algum. Mas há o risco de não contratarem uma mulher grávida para uma vaga sênior em vendas. Não se tiver um homem capaz de fazer o trabalho sem precisar de licença-maternidade.

Ele segurou minha mão.

— Acho que consigo entender. Bem, então é melhor fazermos isso antes que alguém descubra.

— Quero contar para minha mãe e para meu pai, no entanto. Eles ficarão tão felizes por voltarmos para casa, ainda mais com um novo neto a caminho. — Sorri, pensando em como seria bom poder dirigir algumas horas para vê-los em vez de ter que pegar um avião.

— Mas, Shellye, tem outra coisa sobre a qual quero falar com você — disse Scotty. — Estive pensando que, se vamos fazer isso, esta deve ser a última mudança que faremos pela minha carreira.

Meu sorriso aumentou. Eu sabia o que ele queria dizer. Aquela era a última mudança pela carreira dele, porque, de agora em diante, seguiríamos para onde minha carreira nos levasse. Com um segundo bebê a caminho, logo seria o momento de Scotty seguir nosso plano e se tornar pai em tempo integral.

...

Se você nunca trabalhou em uma empresa grande, deixe-me confirmar os rumores: estes ambientes podem ser implacáveis, com muitas pessoas tentando subir umas nas outras para alcançar degraus mais altos. Por outro lado permitem que você tenha opções e oportunidades constantes. Há muito a ser dito sobre encontrar seu caminho pelos corredores de uma corporação; certamente estava dando certo para mim.

Eu estava indo bem na IBM, então nunca me ocorreu realmente que haveria algum problema para nos mudarmos para Harrisburg com um emprego melhor. Simplesmente pedi para meu gerente regional fazer algumas ligações. Ele falou com o gerente da filial local, que identificou uma oportunidade sênior em vendas. Fiz a entrevista — não contei para ninguém que estava grávida — e consegui a vaga. Feito.

Algo mais estava trabalhando a nosso favor. Nem Scotty nem eu pensamos duas vezes sobre essa mudança. Sabíamos que era a decisão certa para nós, porque tínhamos discutido todos os nossos planos de vida antes de nos casarmos. Era um passo claro na trajetória que tínhamos em mente. Assim como meus pais antes de nós, nunca nos preocupamos com a ruptura ou nos assustamos com os detalhes da mudança. Fizemos isso com calma, confiantes de que estávamos na direção correta.

Essas bases seguras significam o mundo quando se é uma jovem mãe trabalhando em tempo integral com o novo bebê a caminho. Não posso imaginar como teria sido se eu ficasse questionando se estava fazendo a escolha certa ou agonizando sobre como encontrar um emprego em uma cidade nova. Já era desafiador o bastante aprender meu novo trabalho (sim, dei um salto para a frente e cheguei na parte de baixo da minha próxima curva de aprendizado), aprender nossos caminhos em Harrisburg, fazer planos para o novo bebê que estava por chegar e, é claro, nos estabelecermos na casa nova. Não tinha tempo para dúvidas. Estava ocupada demais seguindo em frente com meu plano.

19. Delegue

Antes do nascimento de Kheaton, quando tínhamos acabado de nos mudar, minha mãe veio nos visitar por alguns dias. Quando disse que nossa casa era nova, ela não era nova apenas para nós; tinha acabado de ser construída. Então, não havia um paisagismo digno de menção, e eu realmente queria flores. Imaginava um espaço cheio de sombras e flores na nossa casinha perfeita. Já que não tínhamos dinheiro, comecei eu mesma a fazer o paisagismo. A maior parte dos meus fins de semana eram gastos escavando a terra, espalhando adubo e plantando. Fiquei muito orgulhosa de ver uma árvore no jardim que eu mesma tinha plantado.

Mas, para onde quer que me virasse, sempre havia algo a ser feito. Enquanto o paisagismo tomava forma, ainda era necessário decorar a casa, e tantas outras coisas que tinham que acontecer antes que eu sentisse que nossa vida poderia se qualificar como "estabelecida". Então, telefonei para minha mãe e perguntei se ela podia vir me ajudar para fazer algumas cortinas e outros acabamentos. Passamos nossas noites cortando, costurando e conversando, e minha mãe compartilhando seus conselhos sobre a vida e o casamento. Sim, ela sempre tinha uma opinião, mas geralmente estava certa.

Em um fim de tarde, depois do pôr do sol, minha mãe e eu estávamos na sala de jantar que tínhamos convertido em sala de costura temporária. Em uma ponta da mesa estava a máquina de costura, os fios do pedal e da energia pendurados até o chão. Minha mãe estava curvada diante da mesa, sob o brilho de uma luminária alta, as mãos guiando o tecido sob a agulha enquanto a máquina zumbia. A outra ponta da mesa estava coberta com uma tábua de corte improvisada, pedaços de tecido empilhados, moldes, alfinetes, tesouras, fitas métricas e outras ferramentas de costura. Tínhamos colocado uma tábua de passar roupa perto da parede, onde eu estava, alfinetando as partes do que pareciam ser painéis infinitos de tecido, preparando-os para a costura.

— Shellye, nunca se esqueça de que há muitas coisas que não sei fazer — disse minha mãe, tirando o pé do pedal da máquina enquanto finalizava uma costura.

Parei de alfinetar.

— O que quer dizer?

— Você sabe. — Ela deu de ombros. — Não sei lavar janelas. Não sei colocar o lixo para fora. Não sei trocar o óleo do carro. Não sei...

Um sorriso tomou conta do meu rosto.

— Ah, já entendi — eu disse. — São as coisas que meu pai faz.

Seus lábios se curvaram para cima e seus olhos sorriram.

— Sim, isso mesmo — disse ela. — E nunca vou aprender a fazer essas coisas. Shellye, assim que você demonstrar que sabe fazer algo, isso se torna seu trabalho. Precisa deixar algumas coisas de lado e deixar que outra pessoa assuma um pouco da responsabilidade.

Esse deve ter sido o melhor conselho que já recebi — e, por ser mulher e alguém com personalidade tipo A, um dos conselhos mais difíceis de seguir. Ele não se aplica apenas ao trabalho doméstico, veja bem, mas a tudo o que se considera ser parte das competências de uma mulher. Naqueles primeiros dias do meu casamento, assumia a responsabilidade por tudo o que podia ver ou tocar, desde o jantar até o jardim, passando pela decoração e nossos planos sociais.

É um fato que, décadas depois da maioria das mulheres terem entrado no mercado de trabalho, ainda fazemos a maior parte do serviço doméstico (13). O que minha mãe estava tentando me dizer era por que e como isso acontece. Não é tão simples quanto a generalização tentadora que diz que "homens não veem ou não se importam com as coisas que precisam ser feitas". Na verdade, Scotty era de grande ajuda com tudo, sempre pronto a contribuir. Mas essa é a questão: na minha mente, Scotty estava ajudando, mas a responsabilidade era sempre minha.

Acredito que esse padrão nos é passado pelo hábito, quase de maneira inconsciente, de geração em geração. Começou de forma simples — "Scotty, pode me ajudar com a roupa suja?" — e continuou quando, conforme ele combinava duas peças diferentes em uma única lavada, silenciosamente (ou não tão silenciosamente), eu avaliava a capacidade dele em fazer aquela tarefa. Era a responsável por gerenciá-lo nessas pequenas tarefas, sem jamais soltar completamente a responsabilidade.

Por que não podia aceitar que meu marido tinha um jeito próprio de lavar a roupa? Por que sentia que o compromisso caía sobre mim? Não tenho certeza, mas pelo menos eu não estava sozinha nisto. A sabedoria convencional raciocina da seguinte forma: como o trabalho doméstico é visto historicamente como "trabalho de mulher", espera-se que as mulheres sejam julgadas pela qualidade do serviço doméstico, quer ela realmente tenha feito a tarefa quer não (14). Em outras palavras, se meu marido saísse com uma camisa amassada, era eu que ficava preocupada com o que as pessoas iam pensar — de mim, não dele.

Este é um pensamento ultrapassado, não é lógico ou tampouco prático. A cada nova geração, as marcas desses papéis de gênero estão sumindo. Mesmo assim, os hábitos continuam, e esses hábitos têm impacto não só em casa, mas no ambiente de trabalho também.

É assim que funciona no trabalho: há uma escola de pensamento — algo que você escuta em vários círculos de desenvolvimento profissional — que diz que cada um de nós deve descobrir quais são nossas forças e fraquezas e, então, devemos fortalecer nossas fraquezas. Para mim, isso não faz sentido algum. Eu digo que você deve fortalecer seus pontos fortes, porque é assim que se torna mais valioso para sua equipe. Mesmo assim, sei que muitas mulheres profissionais de sucesso ainda acreditam que precisam saber fazer tudo e fazer bem. Por exemplo, uma respeitada CEO se desculpa por não cozinhar. Eu não conheço um homem que se sinta deficiente baseado em suas habilidades culinárias. Uma mulher pode se censurar por não ter uma habilidade aparentemente básica, como saber formatar um documento, enquanto um homem vai rapidamente entregar essa tarefa para um membro da equipe administrativa, porque é o que o pessoal administrativo faz. Em resumo, em casa ou no trabalho, nós, mulheres, temos a tendência a acreditar que estamos trapaceando se aceitamos ajuda ou que somos inadequadas se não conseguimos fazer uma transição suave entre uma ampla variedade de tarefas.

Essa mentalidade é sufocante em casa e, no trabalho, pode atrapalhar o progresso de sua carreira. A fim de ascender em uma organização, você deve ser capaz de assumir suas responsabilidades, de delegar tarefas para os membros corretos da equipe e de buscar orientação de outros quando encara novos desafios. Parece evidente, pelo menos na superfície, que não devemos esperar de nós mesmos sermos polímatas perfeitos; mas conheço muitas mulheres que ficaram emperradas em suas carreiras porque eram incapazes de dominar uma habilidade que podiam ter delegado, não queriam delegar uma tarefa que outra pessoa podia fazer ou não queriam buscar orientação quando precisavam.

Gosto de dizer: "Quanto mais você faz, menos você é pago". Sua capacidade de fazer um trabalho por meio de outras pessoas é exatamente o motivo de você ser promovido. Não quero dizer que os sêniores não trabalham intensamente. A maioria trabalha. Mas eles assumem menos criações. Eles inspiram, dirigem, revisam, editam e permitem que suas equipes façam o trabalho necessário para executar sua estratégia.

Em casa, minha mãe, do seu jeito, estava me dizendo para estabelecer prioridades, escolher minhas próprias tarefas e delegar o restante. Levaria um bom tempo para conseguir colocar o conselho dela em prática regular, mas pelo menos podia começar. Quando percebi que eu realmente não conseguia cuidar do jardim, e Scotty não tinha tempo ou vontade de fazer isso tampouco, contratamos uma empresa de paisagismo. Claro, tínhamos Becky para ajudar com Kethlyn. O que mais podia deixar de lado? Essa pergunta estava prestes a se tornar profundamente importante para mim.

20. Aceite seus limites

Depois da dramática surpresa do parto normal de Kethlyn, e com a aproximação do nascimento de Kheaton, meu médico me disse que estava preocupado que meu segundo filho nascesse enquanto estivesse andando pela rua. Eu estava maior com essa gravidez, porque o bebê era maior, então concordamos com uma cesárea três semanas antes da data do parto. Estava bem com esse plano. Sentia-me desconfortável e estava pronta para acabar com aquilo. Além disso, desta forma, poderia ter certeza de ter mais controle sobre a experiência, além de conseguir minha epidural. Em outras palavras, não ia sentir aquela dor novamente. Ponto final.

Graças a Deus que fizemos esse plano, porque, mesmo três semanas antes, meu querido filho pesava quase quatro quilos e meio. Não era de estranhar que eu me sentisse desconfortável. Mas eu estava feliz por tê-lo em meus braços, meu garotinho todo enrugado, com a pele ainda engordurada pela jornada. Ele nunca pareceu se importar por ter nascido antes.

Ele cresceu rapidamente e se tornou uma criança luminosa, doce e encantadora. Nós o chamamos de Kheaton. Era o ano de 1988, e nossa família estava completa. E, aproveitando: sabe aquele casaco que comprei na faculdade? Eu usei nas minhas duas gestações.

Kheaton imediatamente se tornou o bebê de todos — incluindo da irmãzinha de três anos. Ela o amava de modo intenso e protetor, sua guardiã contra o mundo. Mais uma vez, aquelas primeiras semanas eram como outra vida — eu e meus bebês, em nosso mundinho. Sentava-me no sofá com Kheaton deitado de costas, apoiado em minhas pernas. Eu o balançava de um lado para outro, mexendo os joelhos, segurando os pezinhos gorduchos em minhas mãos, inclinando-me para beijá-los. Kethlyn o espiava, o tocava e dizia os nomes das partes de seu corpinho — "cabeça", "nariz", "boca" — enquanto eu a lembrava de ser gentil. No fim do dia, Scotty vinha para casa, e éramos só sorrisos, tirando um milhão de fotos — exaustos, sim, mas cercados de amor.

Mas estávamos na década de 1980, e eu só me sentia confortável em tirar seis semanas de licença-maternidade. Não demorou muito para que eu tivesse que voltar ao trabalho. E, não só ao trabalho, mas aos compromissos também. Não há forma politicamente correta de dizer isso, então serei franca: Scotty e eu, como único casal afro-americano em cargos de gerência na IBM em Harrisburg, com frequência, servíamos como casal simbólico em eventos de alto nível. Sempre que a IBM reservava uma mesa em um evento, nós tínhamos lugar nela. Como resultado, nossa agenda social relacionada ao trabalho era bem mais ocupada do que a da média dos casais. Scotty e eu adorávamos conhecer pessoas, então, em certo nível, era emocionante ter tantas oportunidades de fazer novos contatos, e... era também outro nível de responsabilidade. Nossos horários de trabalho agora iam noite adentro.

Isso continuou durante os primeiros anos de Kheaton. Fazíamos questão de passar todo tempo que podíamos com nossas crianças, mas dependíamos mais da babá do que antes. Becky, nossa babá em Dallas, tinha ido passar conosco nosso primeiro ano em Harrisburg, mas depois tínhamos que achar outra pessoa. No fim, optamos por um *au pair*[1] chamado Torben, uma escolha consciente para mostrar aos nossos filhos que homens e mulheres eram cuidadores igualmente competentes. Naquela

---

1 (N.E.) *Au pair* é uma pessoa jovem que tem interesse em conhecer e aprender a cultura, a língua e os costumes de outro país, morando com uma família anfitriã. Essa pessoa é considerada um irmão ou irmã das crianças da casa, responsável por ajudar os pais nos cuidados diários em troca de moradia, alimentação e dinheiro.

época, Kethlyn já tinha idade suficiente para começar a se envolver em atividades, então tínhamos ainda mais coisas na agenda: balé, sapateado, aulas de karatê, e Jack e Jill, um grupo para mães e filhos afro-americanos. Fui convidada para fazer parte do conselho de uma organização sem fins lucrativos que atuava com pessoas com deficiências; aceitei imediatamente, apesar da agenda lotada, porque a experiência no conselho de uma organização desse tipo é uma excelente oportunidade para desenvolvimento e networking.

Neste ponto, não tinha um minuto livre no dia, jamais. O estresse começou a tomar conta. Eu me pegava pensando: *Era realmente isso o que eu queria? Vai ser assim para sempre?* Claro, não ia ser sempre tão estressante assim. Certo? Com frequência, lembrava a mim mesma: *Shellye, você tem muita sorte de ter uma família maravilhosa, um bom emprego e muitas opções. Esta é a vida que você escolheu. Aproveite!* Mas, por mais que eu quisesse, nem sempre era fácil desfrutar daquelas conquistas. Na verdade, naquela época, começou a ficar real e profundamente difícil encontrar alegria. Não sei como descrever exatamente, além de dizer que comecei a me sentir mal-humorada, como se algo bem lá dentro de mim estivesse gastando toda a minha energia. Estava muito cansada o tempo todo. Não queria sair da cama se pudesse evitar. Mas nunca podia evitar e, enquanto me obrigava a me levantar e a cumprir com todas as minhas responsabilidades, a caverna dentro de mim ficava mais profunda e mais escura. Eu estava me perdendo.

Recusava-me a deixar que alguém visse como estava me sentindo. Nem meus amigos, nem meus filhos, nem Scotty. *Isso é ridículo*, eu dizia para mim mesma. *Tenho um marido excelente e filhos incríveis. Minha carreira está seguindo do jeito que eu esperava. Tenho todas essas atividades maravilhosas e pessoas interessantes na minha vida. Qual é meu problema? Não tenho o direito de me sentir mal. Tudo está saindo como queria.* Mas, apesar de toda essa conversa interna frustrada, não conseguia me livrar da depressão. Então, finalmente desisti e marquei uma consulta com uma psicóloga. Eu tinha 28 anos.

Aquelas sessões de terapia foram uma grande revelação para mim. Nunca tinha parado para pensar no meu desejo avassalador de "ser boa" — de ser vista como uma boa pessoa — e no que aquilo estava fazendo com minha autoestima. Em todas as minhas ações, estava dando o máximo de mim que podia. Se alguém precisava de alguma coisa, ou mesmo simplesmente quisesse algo que podia proporcionar, eu dava. Tinha sido assim desde a minha infância: só queria ser apreciada. O que eu precisava aprender era que já era apreciada, e que mesmo pessoas benquistas dizem "não" de vez em quando.

Apesar de todo o meu ímpeto e ambição, nunca desenvolvi a ambição de ser amorosa e paciente comigo mesma. Mesmo ao escrever estas palavras — elas me parecem um pouco tolas mesmo depois de todos esses anos.

Naquela época, autoestima e paciência estavam fora de questão. Mas eu precisava aprender que cuidar de mim era tão importante quanto qualquer outra prioridade. Comecei a separar um tempo regularmente para fazer exercícios. Havia algo em forçar meu corpo ao cansaço físico e ao suor — isso me ajudou não só a ficar em forma, mas também a limpar minha mente e a administrar melhor o estresse.

Além de me encorajar a priorizar o autocuidado, a terapeuta me ajudou a entender o nível irreal que estabelecia para mim mesma — e que eu era a única pessoa que esperava uma realização tão alta. Ninguém mais precisava que eu fosse perfeita.

Deixei essa ideia se assentar e comecei a me cobrar menos: a perdoar a mim mesma quando estava cansada demais para fazer exercício físico. A me permitir ficar na cama mais quinze minutos. A me divertir um pouco, e não só parecer estar me divertindo.

Depois, tive que começar a aprender a dizer "não". Para mim, esse não era um processo simples. Sou uma pessoa que realmente quer ser útil, sempre que possível. Até hoje, ainda tento ajudar a todos que precisam. Então, tive que encontrar um jeito de ser útil sem dar o tempo ou a energia que eu não podia despender.

Comecei a avaliar pedidos de forma diferente: não em termos de se podia ajudar na teoria, mas se realmente podia ser útil. Eu tinha que dizer para as pessoas: "Não tenho tempo". Aprendi a ser clara a esse respeito, em vez de desviar e afastar as pessoas. Ainda faço isso, diga-se. Sempre tento dizer às pessoas claramente quando não posso me envolver. Mas faço algo na sequência, que é, se for possível, tentar oferecer outra opção. Em geral, dou a referência de alguém que possa ajudar; às vezes recomendo uma solução alternativa. Desta forma, a pessoa que precisa de ajuda não fica desamparada. Ela sabe para onde ir. E consigo preservar meu tempo.

Por fim, tive que aprender a perguntar a mim mesma o que era realmente importante. Estou falando de uma questão cotidiana: "O que é realmente importante para mim hoje?". A resposta para esta pergunta podia ser diferente de um dia para o outro, mas eu tinha que ter uma resposta. Eu tinha que me concentrar no que queria, e não no que achava que o mundo queria de mim. E aquilo fez a diferença. Conforme eu encontrava meus limites, internalizei o conceito de que posso ter tudo o que quiser, só não ao mesmo tempo.

Minha mãe tinha tentado me dizer aquilo. Várias vezes. Ela tentou me lembrar de que eu precisava me colocar antes, que tinha que definir limites, ser razoável em relação às minhas expectativas. Dado que ela é uma mulher que realiza diariamente mais do que a maioria das pessoas faz em uma semana, devia ter ouvido. Mas acho que esta pode ser uma daquelas lições que, em geral, aprendemos do jeito difícil. Você tem que encontrar seus próprios limites.

Porque imagino que, se está lendo isso, você é uma pessoa ambiciosa que trabalha duro para alcançar suas aspirações. Suspeito que, em determinado ponto, você também vai se encontrar em uma posição na qual precisa reavaliar sua vida, se estabelecer dentro da realidade e encontrar um jeito de fazer as coisas funcionarem que não envolva se estressar até cair em depressão. Fico preocupada em ver quantas pessoas acreditam que podem realizar tudo por conta própria, sem comprometer nada além do próprio bem-estar. Se você "tem tudo", mas sacrifica a si mesmo, então o que realmente tem no final?

É exatamente como dizem nos aviões: coloque a máscara de oxigênio primeiro em você, depois ajude às demais pessoas.

21. Viva seus valores

Era sábado de manhã, cedo. Acordei devagar, com preguiça, estava quentinha na cama. Podia sentir o cheiro de algo cozinhando. *Hum, café da manhã.* Sorri e me aconcheguei debaixo das cobertas. Ao meu lado, Scotty se mexeu em seu sono.

Espere. Se Scotty está na cama, quem está na cozinha?

Levantei da cama de um pulo.

— Scotty! As crianças estão na cozinha!

Enquanto eu vestia o roupão e saía correndo pelo corredor em direção às escadas, conseguia ouvi-lo atrás de mim.

— Kethlyn! Kheaton! O que vocês estão fazendo? — Falei. Assim que cheguei ao alto da escada, uma vozinha muito firme veio da cozinha.

— Não venham até aqui!

Escorreguei até parar, erguendo o braço para deter meu marido que vinha logo atrás.

— Como é, querida?

— Não venham até aqui — Kethlyn repetiu. Eu não conseguia vê-la do segundo andar. Ouvia pratos batendo na cozinha.

Me virei para Scotty. Ele deu de ombros.

— Ok... — eu disse lentamente. — Tem certeza de que não precisa de ajuda com nada?

— Não — respondeu ela. — Podem ficar aí.

Kethlyn tinha quase seis anos, e seu irmãozinho tinha três. Tínhamos um bom fogão a gás, que eles claramente estavam usando sem supervisão. Mas não conseguia sentir cheiro de algo queimando.

— O que fazemos? — perguntei para Scotty.

Ele parecia tão confuso quanto eu.

— Bem... — disse ele, coçando o rosto. — Acho que ficamos aqui. Estamos perto o bastante para ajudar se acontecer um incêndio. — Um sorriso lento tomou conta de seu rosto. — Parece que não temos outra escolha.

Soltei a respiração em um longo suspiro, balançando a cabeça.

— Acho que não — eu disse, apertando o roupão ao redor do corpo.

— Então, vamos esperar.

Sentamos no alto da escada.

Você não ficará surpreso em saber que Scotty e eu discutimos nossos objetivos como pais muito antes de nos casarmos. Estabelecemos uma filosofia unificada: queríamos que nossos filhos fossem autossuficientes, confiantes e carinhosos. Todas as escolhas que fizemos como pais foram sempre nesse sentido. E agora estávamos tendo nosso primeiro teste verdadeiro.

Era excitante e um pouco bobo ficar sentada no alto da escada, vestida com meu roupão, ao lado do meu marido, esperando para descobrir o que nossos filhos estavam fazendo no andar de baixo. Dava para ouvi-los tagarelando e pratos batendo. Dávamos risadinhas nervosas e apertávamos a mão um do outro, e eu tentava permanecer calma e tirar da minha mente imagens de cortes e machucados.

Depois do que pareceram ser horas, duas figurinhas apareceram ao pé da escada. Meu coração acelerou. Estavam vestidos com as melhores roupas, Kethlyn com seu vestido de domingo e Kheaton com uma calça social e um pequeno colete. Devia ter sido vestido pela irmã. Os dois sorriam.

— O café da manhã está servido — disse Kethlyn.

Scotty e eu nos levantamos e seguimos nossos filhos até a sala de jantar, onde encontramos a mesa posta mais ou menos corretamente, com salada de frutas, ovos mexidos, aveia e torradas nos pratos. Eu estava maravilhada. As frutas estavam cortadas — em pedaços grandes, mas eles tinham cortado — e a salada tinha de tudo o que havia na cozinha: maçã, pera, uva, cenoura e aipo. Os ovos até que estavam bem cozidos. Eles não conseguiram preparar o mingau de aveia direito, mas se saíram bem com o resto. Dava para ver no rosto de Scotty que ele estava tão feliz quanto eu. Estávamos os dois radiantes.

— Isso é maravilhoso, Kethlyn — eu disse. — Como vocês tiveram a ideia de fazer o café da manhã?

Ela deu de ombros.

— Me deu vontade.

— Bem, Bud — disse Scotty —, estou orgulhoso dos dois. Vocês fizeram um trabalho muito bom.

Ali estavam Kethlyn, já sendo decidida, assumindo riscos e liderando o irmãozinho, e Kheaton, tão jovem e já querendo ser útil.

Depois do café da manhã, levamos os pratos para a cozinha. Estava uma bagunça completa. Todas as cadeiras da mesa da cozinha tinham sido colocadas perto dos balcões. As facas estavam espalhadas e havia comida por todo lado. Mas não havia fogo, e nada estava quebrado.

Esta é, possivelmente, minha história favorita sobre meus filhos. Sorrio todas as vezes que me lembro daquela manhã. Scotty e eu gostamos de cozinhar e nos divertir, e as duas crianças tinham nos ajudado várias vezes. Mas não tinha percebido o quanto tinham aprendido. Tenho orgulho de Kethlyn e Kheaton, e estou grata por termos sido capazes de transmitir os valores que achávamos serem importantes para o sucesso dos nossos filhos. Como pais, Scotty e eu repetiríamos este momento várias vezes — esperar de longe, às vezes ansiosos, observando nossos filhos se transformarem neles mesmos. Essa é a sensação de viver seus valores — você precisa confiar em si mesmo, mesmo quando fazer isso parece arriscado. Não foi fácil ficar ali no alto da escada — conheço muitos pais que discordariam da nossa escolha —, mas era uma escolha que estava de acordo com os nossos valores. Assumimos um risco, e as recompensas foram grandes. Não seria a última vez que nossa família assumiria riscos junta.

22. Esqueça o equilíbrio entre trabalho e vida pessoal

Ok, vamos tirar isso do caminho: eu odeio a expressão "equilíbrio entre trabalho e vida pessoal". A palavra equilíbrio implica uma balança fixa, daquela de dois braços, com um peso igual de cada lado. Não é assim que a vida funciona. Se tivermos o equilíbrio como padrão para o sucesso, estamos fadados a sentir que estamos fracassando. Precisamos de uma metáfora diferente, uma que possa conter todas as complexidades e responsabilidades sobrepostas da carreira, relacionamentos familiares, amizades, autocuidado — quaisquer que sejam os componentes que você escolheu incluir em sua vida. É por isso que prefiro usar "integração entre trabalho e vida pessoal".

Como consigo fazer minha vida funcionar? Não coloco o chapéu com uma mão e tiro com a outra; uso todos os meus chapéus, todo o tempo: Shellye CEO, Shellye mãe, Shellye esposa, amiga, voluntária, mentora, pupila. Claro, em algum dado momento, concentro minha atenção em uma área em particular, mas estou sempre tentando integrar tudo, o que faz com que eu seja realmente eu, todo o tempo. Você também pode fazer isso.

Quaisquer que sejam seus objetivos — quer você queira administrar uma empresa, voltar a estudar, colocar os filhos na faculdade, se aposentar mais cedo, mudar de carreira —, você está no controle de como integra sua vida a fim de fazer isso acontecer. Olhe para suas opções. Brinque com as possibilidades. Como abrir espaço para as coisas que atualmente são prioridade? Quem pode ajudá-lo a fazer isso? Como realizar várias coisas com uma única ação?

Enquanto o padrão da balança pode parecer limitante (senão impossível), o conceito de integração é fortalecedor — é um convite para ser criativo. Por exemplo: acho desafiador integrar o tempo para meus amigos e para networking na minha agenda ocupada, mas aprendi alguns truques. Posso fazer exercício com uma amiga, levar as crianças ao parque com outras mães ou convidar pessoas para um jantar e um filme ou para um jogo de cartas.

No trabalho, às vezes aproveitava a hora do almoço para network ou fazia uma reunião caminhando para combinar trabalho e exercício. Quando Scotty e eu saímos, convidamos outras pessoas, combinando socialização e networking. Continuo com essas práticas até os dias de hoje. Scotty e eu raramente saímos para nossos espetáculos de dança favoritos sem menos de vinte amigos.

Da mesma forma, deixo tempo para pequenos luxos que me importam integrando-os com outras atividades. Por exemplo: gosto de fazer pães e tortas, e Scotty e eu realmente adoramos tortas de maçã. Às vezes, convido uma vizinha e, juntas, fazemos recheio suficiente para dez tortas. Ela leva metade para casa, e eu faço uma torta e guardo os recheios das outras quatro no freezer. Nós cozinhamos juntas e socializamos.

É incrível o que dá para fazer quando operamos com base em uma posição de "não desperdiçar tempo". Nem sempre tive tempo ou dinheiro para fazer as unhas no salão, mas gosto de ter as unhas feitas. Então, comecei a passar esmalte nas unhas no carro, antes de sair para o trabalho. Dirigia com o vento entrando pelas janelas abertas do carro e, quando chegava ao escritório, minhas unhas estavam secas. Da mesma forma, priorizo os exercícios e também gosto de ficar a par das notícias, então leio ou escuto podcasts enquanto estou na esteira, na academia. Nada de desperdiçar tempo.

Sei o que você está pensando: certamente, não dá para fazer tudo o que queremos. É necessário fazer alguns sacrifícios. Como disse antes, por mais que eu não goste da expressão "equilíbrio entre trabalho e vida pessoal", não gosto quando as pessoas falam sobre "sacrificar" uma parte de suas vidas pela outra. Para mim, a palavra sacrifício implica uma sensação de perda que gera culpa. Se está dedicando tempo "demais" para o trabalho, você vai se sentir culpado por não ter "tempo suficiente" em casa. Ou vice-versa. Pior ainda, um "sacrifício" em geral se refere a desistir de algo por alguém — seu chefe, sua equipe, seu parceiro, seu filho, sua mãe —, o que também implica que você só fez isso para satisfazer as necessidades de outra pessoa, não as suas. Neste sentido, a ideia de "fazer sacrifícios" coloca você na posição de vítima — alguém que teve que desistir do que realmente queria, a serviço de outra pessoa.

Lembra-se da história de quando minha mãe pegava o menor pedaço de torta? Bem, ela também comprou um cavalo. Como minha mãe, acredito em fazer escolhas, não sacrifícios. As escolhas são minhas — não tenho ninguém para culpar, nenhuma culpa em lugar algum.

Vamos voltar à nossa decisão de contratar uma babá, o que me permitiu ter um melhor desempenho no trabalho sem ter que me preocupar se nosso bebê estava bem. Scotty e eu fizemos um orçamento para a babá antes da gravidez, antes mesmo de nos casarmos. Criamos uma flexibilidade financeira ao economizar dinheiro em algumas coisas que não eram estritamente necessárias, e usamos essa flexibilidade financeira para conseguir a ajuda da qual precisávamos.

Naquele estágio da nossa vida, não fazíamos viagens chiques nas férias, e as noites de namoro eram, em geral, regadas a pizza e vinho em nosso restaurante italiano favorito. Compramos uma casa menor, mais distante do trabalho, e dirigíamos longas distâncias em carros mais velhos que não precisaríamos ter se não tivéssemos que pagar uma babá. Mas esses ajustes valeram a pena, porque nossos filhos eram saudáveis e sentíamos menos estresse; até tínhamos mais tempo de qualidade com as crianças à noite, porque algumas das tarefas de casa já tinham sido feitas.

Claro que não estou dizendo que todas as mães deviam permanecer no mercado de trabalho e contratar uma babá. Estou dizendo que você deve escolher a vida que quer e tomar decisões que apoiem esse estilo de vida. De todas as formas possíveis que podíamos ter moldado nossa vida, era isso o que Scotty e eu queríamos fazer. Apoiamos nossas decisões ao fazer escolhas conscientes. Isso não era um sacrifício. Era uma escolha.

Esta é a mensagem que espero passar para a próxima geração: você não precisa se desculpar por ser quem é e por fazer as escolhas que faz. Você merece a chance de moldar sua vida como quiser e de celebrar e desfrutar a vida que criou. Seu destino é seu, e se você seguir na direção dele sem vergonha, pode manter cada grama de autorrespeito enquanto obtém o que deseja.

Desde a infância, meus pais me ensinaram que dizer sim para uma coisa é dizer não para outra. Isso é verdade não só para como você gasta seu dinheiro, mas também para como gasta seu tempo. Ambos os recursos são finitos, então você precisa escolher. Se quiser investir em uma boa educação, você provavelmente vai deixar de lado algumas oportunidades sociais. Se quiser filhos, vai desistir de algumas horas de sono. Se quiser uma carreira desafiadora, seu tempo para certos aspectos da vida doméstica será limitado. (Se me perguntar, direi que não sentia falta de lavar roupa; mas sentia falta de dormir.)

Meu ponto é: você está, neste exato minuto, totalmente autorizado a tomar suas próprias decisões sobre o que quer e o que o fará feliz. Você está completamente autorizado a fazer as escolhas de que precisa para apoiar esta vida — integrar suas atividades, organizar seu dinheiro e seu tempo. Você não precisa "ir com a maré". Não precisa seguir as regras de ninguém. Comece a escrever suas próprias regras. Eu personalizei um plano de vida que me faria realizada. Tracei estratégias para isso, escolhendo o que estava disposta a fazer, escolhendo as trocas que estava disposta a fazer, e fui atrás da vida que queria, sem sentir culpa. Você também pode.

23. Administre sua própria carreira

Tive que largar meu emprego anterior para conseguir um outro emprego que eu queria. Foi uma experiência de aprendizado, tudo bem.

Estava com vinte e tantos anos, me aproximando dos trinta, e isso era importante para mim. Segundo meu cronograma autoimposto, se ia ser CEO da IBM, precisava ser gerente de filial assim que chegasse aos trinta anos. Eu estava no caminho. Minhas classificações e desempenhos eram fortes, mas tinha pelo menos um passo para dar antes de poder ser considerada para uma gerência de filial. Precisava me tornar gerente de marketing e, se não conseguisse aquele emprego logo, corria o risco de perder meu objetivo de trinta anos.

Já fazia um tempo que eu vinha falando para meu chefe sobre meu desejo de conseguir um trabalho como gerente de marketing. Ele concordava que era o próximo passo, mas nenhuma oportunidade aparecia no meu caminho. Então, fui vê-lo novamente.

Encontrei a porta de seu escritório aberta, o sol da tarde lançando um feixe de luz em sua mesa, onde ele estava sentado, folheando alguns papéis. Bati na porta aberta para chamar sua atenção e perguntei se ele tinha alguns minutos para conversar. Ele fez sinal para que eu entrasse.

— Como discutimos, gostaria de ser considerada para uma posição de gerente de marketing — falei. Tinha aprendido que você precisa dizer para as pessoas o que quer.

Ele suspirou — não era um bom sinal.

— Bem, isso vai ser um pouco demais agora.

Meu coração afundou no peito.

— Por que diz isso?

— Bem, a IBM está apertando o cinto. Você sabe que reorganizamos e fechamos algumas filiais, aposentando as pessoas mais cedo. Isso significa que há menos filiais, então há menos oportunidades para conseguir uma posição como gerente de marketing.

— Entendo, mas não acha que seria uma boa candidata mesmo assim?

— Shellye, você está se saindo muito bem — disse ele. — Seu desempenho é excelente. Mas não há oportunidades para avançar neste momento.

Ok. Aquelas não eram as notícias que queria ouvir naquele momento. Então, naquela noite, decidi conversar sobre isso com Scotty.

Assim que as crianças foram para a cama e as coisas ficaram tranquilas, servi uma taça de vinho para mim e me sentei ao lado dele no sofá, entregando-lhe uma cerveja.

Ele ergueu uma sobrancelha.

— Qual é a ocasião?

Falei para ele sobre minha conversa com meu chefe. Ele ouviu com o cenho franzido. Nós dois sabíamos que as coisas estavam mudando na IBM, mas nenhum de nós gostava daquilo.

— Então, o que você vai fazer? — perguntou ele.

Suspirei.

— Não sei. Você sabe que quero administrar uma empresa, não simplesmente trabalhar nela. Preciso ser capaz de subir o mais rápido possível. Tenho as habilidades, me disseram que tenho capacidade, estou entregando... Então, este é um problema da IBM, certo?

— Certo? — Ele me olhou diretamente. — Não é você, são eles.

Meu marido sempre aumentando minha confiança.

Passei a ponta do dedo pela borda da taça, pensando.

— Bem, então... — Respirei fundo.

Scotty completou meu raciocínio.

— Talvez você precise sair da IBM.

Essa não foi uma consideração pequena. Afinal, trabalhava na IBM, uma empresa conhecida na área como Big Blue, desde o Ensino Médio. Meu pai trabalhara na IBM durante toda sua vida adulta. Eu costumava brincar que, se você me cortasse, sangraria azul. Mas se a IBM não tinha as oportunidades que eu queria, não ia deixar que minha lealdade pela empresa ficasse no caminho dos meus objetivos. Encontrei outra empresa que me ofereceu a posição que eu queria. Fiz uma entrevista de seleção e consegui o emprego.

Com a oferta de emprego no bolso, vesti uma das minhas roupas mais elegantes, entrei na empresa que eu tanto amava — aquela que esperava dirigir um dia — e pedi demissão.

— O que quer dizer? — meu chefe perguntou. — Está indo embora? Você não pode sair.

Não falei nada. Sabia que era uma das melhores funcionárias dele. A expressão do meu chefe me disse o restante que eu precisava saber.

Ele apoiou os cotovelos na mesa e me olhou nos olhos.

— Shellye, por que está pedindo demissão?

— Bem, você me disse que não havia oportunidades de promoção chegando. Então, encontrei outro trabalho que seria um avanço. Você sabe que tenho ambições, e parte meu coração não ser capaz de realizá-las aqui.

Ele balançou a cabeça.

— Shellye, vou lhe pedir que me dê uma chance aqui. Deixe-me ver o que posso fazer.

Alguns dias depois, assumi o compromisso da promoção. Agora, era uma gerente de marketing, bem de acordo com meu cronograma autoimposto, e bem ali na IBM.

Esta foi a primeira grande lição que aprendi sobre avançar no mundo corporativo: você não pode esperar que alguém lhe ofereça uma oportunidade; precisa administrar a própria carreira.

24. Diga para as pessoas o que você quer

A lição seguinte veio alguns anos mais tarde, quando eu esperava minha promoção para o nível de gerente de filial. Nesta época, já tinha ficado muito boa em dizer para as pessoas o que eu queria fazer. Tinha discutido minhas ambições com meu chefe novamente, mas nada acontecia. Era como se as coisas estivessem estagnadas. *O que eu estou fazendo de errado?*, eu me perguntava. *Estou pronta para o próximo passo. Por que não estou sendo levada em conta para nada?*

Uma vez que não estava chegando a lugar algum com meu chefe, decidi conversar com o chefe do meu chefe — o que é chamado de reunião *skip level* ou quebra de hierarquia. A reunião foi marcada para algumas semanas, então tinha tempo para ensaiar a melhor forma de comunicar o que eu queria. Quando o momento chegou, apresentei meu caso. Expliquei o que tinha realizado na minha posição atual e como aquilo me tornava uma forte candidata para a posição que almejava. Sentia que a conversa estava indo bem — até que falei para o chefe do meu chefe que eu queria ser gerente de filial.

Ele pigarreou.

— Sim, Shellye — disse ele. — Você é uma candidata forte, mas simplesmente não temos mais tantas posições como esta na área de Harrisburg.

— Bem, sim, mas estou disposta a me mudar — informei.

Ele ergueu as sobrancelhas, me olhando de maneira incrédula.

— Você está disposta a se mudar? Não imaginávamos que quisesse isso.

Fiquei perplexa. Já tinha me mudado duas vezes na minha carreira e tinha dito ao meu chefe que estava disposta a me mudar de novo. Por qual motivo, então, ele não tinha passado essa informação tão importante adiante?

— Sim, certamente. Estou disposta a me mudar.

— Bem, neste caso, vamos tentar encontrar uma oportunidade para a qual você possa se inscrever — garantiu ele. — Obrigado por esclarecer isso.

Eu nunca soube por que aquela informação não fora comunicada corretamente. Não me aventuro a tentar adivinhar. Mas, depois daquela conversa, dito e feito: uma oportunidade apareceu em Maryland, e tive a chance de participar da seleção. Consegui o trabalho.

Existe uma noção convencional no mundo profissional sobre por qual motivo as mulheres não são promovidas. O resumo, mais ou menos, é que "as mulheres não pedem o que querem". A realidade, no entanto, é muito mais complexa.

Em 2016, a pesquisa *Women in the Workplace* (Mulheres no mercado de trabalho) descobriu que as mulheres pedem o que querem — uma grande mudança desde os primeiros anos da minha própria carreira (15). Isso é um progresso positivo, mas há um detalhe: as mulheres que negociam têm trinta por cento mais probabilidade do que os homens de serem consideradas muito "agressivas", "mandonas" ou "intimidadoras". Além disso, as mulheres recebem menos feedback informal de seus superiores, o que sugere uma desconexão de comunicação, sem mencionar um paradoxo: dizem para as mulheres ao mesmo tempo pedirem o que querem e pararem de forçar a situação. Mais interessante ainda, esses dois tipos de feedback voltam a responsabilidade para nós, sugerindo que é nossa culpa se temos dificuldades para ter oportunidades. Enquanto isso, sofremos pressões para conseguir feedback construtivo sobre como se tornar a funcionária ideal — assertiva, mas gentil. Será que este ideal é irreal? Pesquisas mostram que as mulheres ainda enfrentam expectativas irreais no mercado de trabalho (16). É provável que nem homens nem mulheres estejam completamente cientes de como essas expectativas se desenvolvem em nossas interações.

Não posso dizer que tenho uma solução para essa questão, mas posso dizer o que deu certo para mim: não só aprendi a dizer para as pessoas o que eu quero, mas também aprendi a dizer para todo mundo o que quero. Quando tenho um objetivo, coloco-o abertamente, e ele se torna parte da minha identidade. Divulgue suas intenções. Nunca se sabe quem está ouvindo, quem pode ter uma conexão — ou, inversamente, quem poderia ter suas próprias razões para reter informação. Quanto mais gente souber o que você quer, é mais provável que consiga uma oportunidade.

É necessário coragem para dizer para todo mundo o que queremos. Parece arriscado. Mas você tem que aprender a assumir esses riscos. Tenho um mantra para essas situações. Pergunto a mim mesma:

O que pode acontecer de pior? Posso viver com isso se o pior acontecer?

Em geral, quando se trata de pedir o que eu quero, o pior que pode acontecer é conseguir um "não", e posso viver com isso. Descobri que os benefícios de divulgar minhas intenções superam em muito os desconfortos de ouvir um "não".

25. Deixe para lá

Lembra quando disse que a IBM estava diminuindo de tamanho? Bem, para Scotty, isso parecia uma oportunidade. Ele era gerente de segunda linha, o que significava que tinha gerentes subordinados a ele. Um dia, ele recebeu uma lista de nomes — pessoas que iam receber a oferta de uma aposentadoria antecipada da empresa com um pacote generoso de benefícios. Era a segunda vez que a IBM fazia isso, e era um jeito de evitar demissões. Scotty teve uma chance de olhar o pacote de benefícios com antecedência e, imediatamente, pegou o telefone e me ligou.

— Shellye — disse ele. — É como se esse negócio tivesse sido feito para mim.

O momento não podia ser melhor. Kethlyn estava prestes a começar o Ensino Fundamental. Estávamos prontos para começar com a próxima fase do nosso plano de vida, com Scotty como pai em tempo integral, e esta oferta nos daria um pequeno fundo extra para continuarmos. Scotty já trabalhava na IBM há mais de vinte anos, então seu pagamento de aposentadoria seria bom. Ele podia pegar algum trabalho de consultoria e começar a fazer home office. Era hora do meu marido assumir um risco e, para meu grande prazer, ele não estava nem um pouco apreensivo. Scotty e eu sempre tínhamos sido parceiros iguais e conhecíamos as regras do jogo. Era simplesmente hora de executar o próximo passo.

Quando consegui o emprego em Silver Springs, em Maryland, Scotty estava pronto para a aposentadoria. Já que estávamos nos realocando, também aproveitamos a oportunidade para reduzir e apertar o orçamento para viver com um único salário. Conseguimos uma casa menor, trocamos nossos carros por veículos usados com mensalidades menores e, é claro, nos despedimos da nossa babá.

Tudo estava funcionando bem, exceto uma coisa, uma coisa importante: quando a babá se foi, comecei a tratar Scotty como se ele estivesse assumindo esse emprego. Eu queria ser útil, dizendo para ele como as coisas deviam ser feitas, dando-lhe algumas tarefas por dia, assim como fazia com a babá. Só que não deu muito certo.

Um dia, entrei na cozinha vestida com as roupas sociais e salto alto que usava na IBM, abri a geladeira, peguei um iogurte e uma maçã e guardei na pasta. As crianças estavam sentadas na mesa do café da manhã, tomando suco. Scotty estava parado perto do fogão, servindo mingau de aveia para as crianças, juntamente com ovos mexidos e salsicha. No balcão, lancheiras abertas esperavam para serem preenchidas.

— Scotty, não esqueça que Kethlyn gosta do sanduíche cortado em quatro — falei.

Ele assentiu.

— E você não precisa lavar roupa todo dia. Dá para esperar — observei.

— Não gosto de pilhas de roupa suja na lavanderia — explicou ele, a irritação marcando seu tom de voz.

— É que lavar um pouco por dia desperdiça água — contra-argumentei.

Scotty balançou a cabeça.

— Aproveitando — acrescentei, avaliando as pilhas bagunçadas de cartas, papéis e coisas variadas amontoadas no canto do balcão —, você pode limpar o balcão da cozinha esta tarde? Está ficando meio fora de controle. — Inclinei para dar um beijo de despedida nas crianças e saí pela porta.

Depois de mais algumas manhãs das minhas instruções "úteis", Scotty já estava cansado.

— Shellye — disse ele com firmeza —, se vou assumir essa posição, então sou eu quem vai fazer o trabalho. Se você quer ficar a cargo de como as coisas são feitas, então estou fora.

Foi uma conversa tensa, mas entendi: eu não podia dizer a ele o que fazer. Mudar esse comportamento foi surpreendentemente difícil, mas, ao longo de vários meses, trabalhei para explorar o que tinha aprendido com meu terapeuta sobre deixar as coisas para lá. Scotty era incrivelmente limpo, mas a bagunça não o incomodava muito. Eu era o oposto. Gostava de tudo no lugar, mas podia viver com um pouco de pó. *Então, talvez Scotty deixe as coisas um pouco mais bagunçadas do que eu gosto. Nada sujo ou inseguro, por isso tenho que deixar para lá.* Mas, enquanto pensava isso, perguntava a mim mesma: *Por que estou tão preocupada que as coisas fiquem arrumadas? Por que sinto que isso é tão importante? Por que é tão difícil abdicar dessa responsabilidade?*

Sabe quando as pessoas vão à sua casa pela primeira vez? Elas entram, olham ao redor e dizem: "Ah, Shellye, que bela casa você tem". Não "Scotty", mas "Shellye". Era eu quem recebia os comentários sobre a aparência da minha casa, a aparência e os modos dos meus filhos, até mesmo sobre a aparência do meu marido, se ele estava bem cuidado ou não. É como as pessoas pensam. A implicação codificada é que tudo relacionado a organização, limpeza e arrumação é responsabilidade da mulher.

Eu tinha internalizado essa expectativa e me sentia julgada, assim como acontece com muita gente: se a casa está uma bagunça, isso reflete negativamente em mim. Por muitos motivos, tinha que renunciar a isso. Outra pessoa estava a cargo agora, e eu tinha outras responsabilidades.

Tenho uma foto — um dos retratos de Kethlyn da escola — que é o símbolo perfeito do que esse processo de deixar essas coisas para lá significou para nós. Para a foto, as duas tranças dela tinham que estar presas no alto da cabeça como uma pequena coroa. Mas uma delas se soltou e caiu. Então, quando a foto foi tirada, ela estava com uma trança para o alto e a outra caída, se desfazendo. Isso porque Scotty tinha assumido a tarefa de fazer o cabelo de Kethlyn antes da escola e, naquele dia que a foto foi tirada, ele ainda não tinha dominado muito bem a técnica de prender os grampos na cabeça. Scotty estava aprendendo, e não foi a única vez que as tranças de Kethlyn ficaram tortas. Mas, em vez de arrumar para ele ou tentar assumir a responsabilidade, simplesmente o deixei aprender. Dei um passo para trás, e meu marido assumiu o posto; ainda temos aquela foto pendurada orgulhosamente na parede de casa.

26. Cada movimento é "nosso" movimento

Meu novo trabalho me levou ao nível que chamo de pré-executivo. Agora, estava a uma posição de alcançar o nível executivo. Claro, como já mencionei, ambição não se relaciona apenas a subir a escada da hierarquia. Você tem que fazer o melhor possível no trabalho em que está; caso contrário, não terá oportunidades de avançar. Eu me concentrei com força no meu desempenho e desenvolvi alguns relacionamentos fortes de mentoria com pessoas acima e abaixo dessa escada. Recebia boas avaliações de desempenho, muito apoio e ótimos feedbacks; dizia para todo mundo que eu queria um cargo executivo. Depois de alguns anos, finalmente consegui minha chance. Uma vaga foi aberta em Nova York: chefe global de gerenciamento de mercado no segmento de pequenas e médias empresas da IBM, trabalhando para Robin Sternbergh. Fui atrás e consegui. Então, a família se mudou para Connecticut, e comecei a me deslocar para Nova York.

Agora que eu tinha meu cargo de executiva, sabia o que tinha que acontecer na sequência. Fiz a lição de casa e descobri algo bem extraordinário sobre os altos executivos da IBM. Todos eles tinham assumido uma missão internacional em algum momento. Mais interessante ainda: quase todos os executivos de linha que trabalhavam para o CEO tinham ficado lotados no Japão, trabalhando na região da Ásia-Pacífico. "Isso não é óbvio", pensei. "A Ásia-Pacífico não é uma das maiores regiões." Meu movimento seguinte era claro como cristal: tinha que conseguir um trabalho na sede da IBM em Tóquio. Minha estratégia, naquela época, era consistente. Mantive o foco no jogo e continuei a fazer meu trabalho da melhor forma possível. Desenvolvi relacionamentos com mentores, com superiores, assim como com minha própria equipe. E dizia absolutamente para todo mundo que queria uma atribuição executiva no Japão.

As atribuições no Japão, em geral, eram temporárias, e não havia muitas vagas expatriadas. Felizmente, um executivo que conheci enquanto trabalhava em Maryland, Tim McChristian, tinha sido promovido para um posto no Japão. Embora nunca tivesse trabalhado para Tim, tinha mantido contato; acontece que, quando nos mudamos para Connecticut, fomos morar na mesma vizinhança que ele vivia. Divulgar meu desejo de trabalhar no Japão valeu a pena. Tim me convidou para ser sua gerente-geral de marketing direto, e aceitei prontamente.

Só tinha um problema: minha família tinha que ir comigo. Eles estavam prontos para passar os anos seguintes em um país estrangeiro? Kethlyn, em particular, ficou perplexa. Ela estava no sétimo ano agora, já tinha idade e sabedoria o bastante para estar cansada de mudar de um lado para outro. Da última vez que nos mudamos, de Maryland para Connecticut, ela vivenciara o fato, compreensivelmente, como uma tragédia pessoal. Começou a chorar assim que lhe contamos, e aquilo fez Kheaton chorar também. A tristeza deles era de partir o coração. Desta vez, faríamos uma mudança maior ainda, para uma situação muito diferente, e eu estaria afastando as duas crianças de bons amigos. Scotty e eu sabíamos que precisávamos ajudá-los a se sentirem confiantes a esse respeito. Então, decidimos tentar algo diferente. Em vez de nos sentarmos com as duas crianças e contarmos nosso plano, contamos para Kethlyn em particular. Como esperado, ela ficou de coração partido. Nós a consolamos o melhor que pudemos, enfatizando a grande aventura que teríamos, e prometi para ela que o Japão era algo temporário. Em seguida, nós a deixamos processar a notícia, o que, para uma pré-adolescente, significa conversar com os amigos.

Para nossa grande alegria, nossa filha voltou duas horas mais tarde com o que quase parecia ser um sorriso no rosto.

— Ok — disse ela. — Vou lidar com isso. Quando nos mudamos?

— Isso é ótimo, Kethlyn — eu disse enquanto nos abraçávamos.

— Então, se você está pronta, quero que vá contar para seu irmão que vamos nos mudar. Ele admira você. Essa será uma grande oportunidade para vocês dois.

Alguns minutos depois, lá veio Kheaton, aparecendo com um enorme sorriso no rosto.

— Mãe! Pai! Nós vamos nos mudar para o Japão?

Irmãos mais velhos são exemplos para os mais novos, e Kheaton se espelhava em Kethlyn naqueles anos, como ele prontamente admitira. Ela era um bom exemplo e, neste caso, sua capacidade de processar e de se adaptar rapidamente às mudanças ajudou Kheaton a se sentir confiante e otimista. Nossa filha já era mais forte do que tínhamos imaginado.

...

Poderia escrever um livro só com as lições que aprendi em Tóquio — talvez em outro momento. Direi que nos divertimos muito como família, e também gostei do trabalho.

Para nós, como família, a diferença cultural mais impactante foi a quase completa ausência de crimes. Em uma cidade com dez milhões de habitantes, as crianças podiam caminhar até o centro em segurança, andar de metrô ou pegar um táxi sozinhas. Então, nossos filhos começaram a fazer isso. Foi uma experiência de construção de confiança para eles. Não demorou para que fizessem amigos na escola, e não os víamos com muita frequência. Não era raro que Scotty e eu tivéssemos as noites livres, e as passávamos explorando a cidade, indo a concertos e fazendo coisas para as quais nunca tínhamos tempo nos Estados Unidos.

Liberdade não foi a única coisa que ganhamos. Enquanto eu estava conquistando habilidades e experiências no trabalho, minha família fazia igual em casa. Morávamos em Nishi Azabu, perto de Roppongi-dori, no coração de Tóquio. Era o equivalente a morar em Manhattan. Pelos padrões japoneses, nosso apartamento era enorme, com 104 metros quadrados. Nossos filhos foram matriculados na Escola Americana de Tóquio, que atendia filhos de estrangeiros. A IBM garantia um belo apoio, como nossa inscrição no Clube Americano de Tóquio, que era o centro social para americanos expatriados. Também proporcionaram aulas de japonês para Scotty. As primeiras aulas foram bem, até que o professor deu tarefa de casa para ele.

— Lição de casa? Não vou fazer lição de casa alguma — disse ele.

E foi o fim das aulas. Mas, enquanto fazia suas tarefas diárias, ele se tornou bem adepto da pantomima (mímica) para comunicar o que queria. Claro que às vezes o tiro saía pela culatra. Uma vez ele tentou comprar o equivalente ao sabão de lava-louças Jet-Dry. Bem, o que quer que ele tenha colocado na máquina de lavar louça causou uma erupção sem fim de espuma que inundou a cozinha, o corredor e parte da sala. Quando isso acontecia, eu não dizia nada. Assim como nossos filhos, Scotty estava "conquistando Tóquio" de seu jeito.

Falando das crianças, em um sábado, algumas semanas depois que as aulas começaram, Kheaton estava em casa assistindo a um dos canais de TV em inglês. Kethlyn, uma criança mais extrovertida, estava visitando um novo amigo. Perguntei para Kheaton como ele estava se saindo na quinta série. A escola dele era muito diversa, com estudantes de 35 países.

— Bem, mãe — respondeu ele, olhando para mim.

— Não, Kheaton — insisti, sentando ao lado dele no futon. — As coisas são muito diferentes por aqui. Como está se sentindo realmente?

— Mãe — respondeu ele, balançando a cabeça de modo quase condescendente —, as crianças são iguais, só têm sotaques diferentes.

Abri um grande sorriso.

— Se isso for tudo o que você aprender enquanto estivermos em Tóquio, está tudo bem para mim — eu disse, puxando-o para um abraço.

Embora esse salto na direção da minha carreira significasse grandes mudanças para toda a família, cada um de nós também se beneficiou de alguma forma, individualmente e juntos.

27. Seus desafios são sua força

A IBM gastava muito dinheiro para mandar seus funcionários para trabalhar em lugares como o Japão, em particular, subsidiando as despesas e a educação das famílias. Por ser caro, eles investiam exclusivamente em profissionais da empresa que possuíam "alto potencial". Baseado no desempenho, suporte e adequação à cultura, a administração sênior esperava que esses funcionários chegassem a altos postos na empresa.

Assim como Steve Jobs, com sua blusa de gola alta e seus óculos de aro redondo, se tornou um protótipo do empreendedor de sucesso do Vale do Silício, a IBM tinha seu próprio protótipo de funcionário de alto potencial nas décadas de 1980 e 1990. Ele tinha exatamente este perfil: homens de ternos escuros, camisas brancas, gravatas e sapatos de bico fino. Muitos jogavam golfe ou eram atletas que projetavam confiança no jeito como se comportavam. Eu não era necessariamente esse tipo. Na verdade, era a primeira mulher afro-americana a ser enviada em uma missão internacional.

Antes de partir para o Japão, conversei com meu chefe na época, um australiano que havia trabalhado na Ásia durante muitos anos. Na ocasião, ele me ofereceu alguns conselhos que me deixaram um pouco preocupada.

— Shellye — explicou ele —, na cultura japonesa, existem três qualidades que fazem as pessoas tratá-la com respeito e a ajudam a ter sucesso.

Assenti. Era exatamente o que precisava saber.

— Me conte.

— A primeira é sabedoria, um termo bonito para velhice. Mas você não tem isso a seu favor.

Eu tinha 36 anos. Primeiro strike.

— Segundo — prosseguiu ele —, ser homem. Novamente, não serve para você. — Ele pigarreou. — A terceira característica que eles valorizam no profissional é inteligência. Você tem isso, mas é só uma qualidade, então é melhor você maximizá-la. — Ele olhou bem para mim. — Tenho fé em você.

Mas a verdade é que a minha própria fé ficou um pouco abalada após receber aqueles conselhos. *Eu trabalhei muito duro para conseguir esta oportunidade no Japão, e agora me dizem que as cartas me são desfavoráveis... De novo?*

Então, fiz o que sempre faço quando as chances não estão ao meu favor: fiz a lição de casa. Comprei diversos livros sobre como realizar negócios no Japão. Conversei com pessoas que tinham trabalhado lá no passado. Fiz o máximo de pesquisas que consegui antes de subir no avião, e cheguei ao Japão pronta para trabalhar como gerente-geral de marketing direto para Ásia e Pacífico. Quando comecei a trabalhar com minha nova equipe, rapidamente descobri um detalhe que meu chefe não tinha percebido — na verdade, um que somente eu estava qualificada para ver.

Trabalhei com muitas pessoas maravilhosas, que davam tudo de si e faziam o melhor trabalho possível na IBM, mas notei um ponto cego em particular entre o conjunto mais ambicioso de funcionários, os "tipos" de alto potencial. Quando eles assumiam uma nova missão, presumiam que tudo o que tinham feito — suas realizações, os elogios que receberam e as reputações que construíram — seguia com eles. Em outras palavras, eles presumiam que seriam tratados com respeito. Isso não valia para mim.

Como uma jovem mulher afro-americana, estava bastante acostumada a conquistar respeito entre meus colegas. Sempre que conseguia uma promoção no trabalho ou ainda conquistava um novo cargo, assumia o posto entendendo que as pessoas, provavelmente, presumiriam que eu não era qualificada ou que não estava preparada e capacitada para encarar aquela posição.

Assim, em pouco tempo, precisava estabelecer relacionamento e credibilidade, desenvolver uma reputação, provar a mim mesma e aos demais. Em outras palavras, podia não ter a idade ou o gênero trabalhando a meu favor, mas, como já tinha passado tanto tempo da vida fora da minha zona de conforto, tinha desenvolvido competências para formar uma equipe e a capacidade de formar alianças rapidamente. Essas habilidades entraram em jogo quando fiz minha primeira apresentação para a equipe japonesa.

Meu objetivo, naquele primeiro contato, era comunicar a todos nossa estratégia para fazer o negócio crescer. Passei um bom tempo burilando minha mensagem e me preparando para aquela apresentação. Embora os executivos japoneses falassem inglês muito bem, os níveis de compreensão do inglês dos funcionários comuns na empresa eram bastante variados. Queria ter certeza de que todo mundo que me ouvisse pudesse entender o que eu estava comunicando, então traduzi meus slides para o japonês. Fazia sentido fazer isso. Afinal, eu mesma não tinha que entender meus próprios slides; pois eu já sabia exatamente o que planejava dizer.

Quando cheguei ao prédio da IBM japonesa, fui recebida formalmente e acompanhada até a sala de conferências, onde centenas de pessoas estavam se acomodando. Na frente da sala estava um retroprojetor refletindo um slide que dizia "Marketing Direto do Japão". Francamente, estava um pouco nervosa quando fui apresentada aos membros da equipe. Entendi apenas um pequeno subconjunto de nomes que estava ouvindo — Takahashi-san, Watanabe-san, Akiyama-san... Por fim, era hora de começar.

Quando coloquei o primeiro slide da minha apresentação, ouvi um murmúrio por toda a sala. Meu primeiro pensamento foi: *Ah, não! O tradutor deve ter feito alguma coisa muito errada*. Mais tarde, descobri qual foi o real motivo para despertar aquela confusão. Em todos os anos em que os executivos da IBM tinham feito apresentações no Japão, nenhum americano tinha providenciado slides escritos cem por cento em japonês até então, pelo menos não que as pessoas que estavam naquela sala pudessem se lembrar.

Os americanos que já tinham passado por lá viviam dentro de uma bolha em que só se falava inglês, e eu, com meus slides em japonês, tinha rompido aquela barreira invisível.

Quando estava enfrentando os desafios e os testes que surgiram durante a minha juventude, nunca percebi as forças que estava desenvolvendo. Além da minha ambição inata e da minha educação, tinha aprendido a fazer as pessoas gostarem de mim — quisessem elas ou não — ao ser empática e útil.

Descobri o poder das alianças e, claro, das equipes — afinal, ao trabalhar em conjunto, você realiza e conquista muito mais coisas. Claro, sendo uma jovem afro-americana, eu não tinha muitas vantagens culturais para entrar no ambiente de negócios do Japão, mas, no fim, desenvolvi uma boa reputação e formei equipes de sucesso ao longo dos anos.

Quando meus colegas americanos perguntavam como fiz isso, tinha que ser honesta:

— Sempre fui uma *outsider* — expliquei a eles. — Em todos os lugares em que já estive, tive que aprender a lidar com todos os tipos de pessoas e, principalmente, a conquistar o respeito delas.

Mesmo sem ter duas das três características apontadas por meu antigo chefe que eram valorizadas no Japão, estava mais bem preparada para o trabalho do que imaginava — na verdade, estava muito mais bem preparada do que a maioria dos funcionários que se encaixavam no protótipo da IBM.

Essa experiência reforçou a mensagem dos meus pais: ser minoria não precisa necessariamente ser um obstáculo. Na verdade, isso pode se transformar em uma vantagem. Sabe as lições mais difíceis que aprendemos enquanto encaramos os desafios da vida? Se aproveitarmos bem cada uma dessas etapas, elas podem se tornar nossas armas secretas no mercado de trabalho.

mudanças bruscas

Quarta parte

28. Dê a volta nos obstáculos que não consegue remover

Nunca me tornei CEO da IBM. Mais uma vez, tive que sair do meu emprego para conseguir o emprego que queria — mas, desta vez, não voltei atrás.

Era o ano de 1999, estávamos morando no Japão. Tinha sido promovida recentemente a vice-presidente e gerente-geral da indústria do setor público para a Ásia e Pacífico, uma divisão multibilionária, quando Lou Gerstner, CEO da IBM na época, fez uma viagem a Tóquio. Muitos dos meus pares foram convidados para reuniões individuais com Lou. Apesar de ter o melhor crescimento de receita ano a ano nos dois trimestres anteriores, não recebi convite algum. Fiquei muito desapontada, mas, quando contei para Scotty, ele ficou furioso:

— Como isso é possível? — disse ele, soltando fumaça. — Tão boa quanto você é, por que não foi a primeira a se reunir com ele? Isso não está certo... — e ele prosseguiu nessa linha.

Scotty sempre foi meu principal apoio e torcedor, mas seu discurso fez algo mais por mim: me ajudou a recuar e ver que isso era mais do que uma coisa à toa.

Não foi a primeira pista de que eu não estava recebendo o devido valor na IBM. Tinha uma classificação elevada em termos de desempenho — perto do topo nos rankings anuais, não só no Japão, mas globalmente. Mesmo assim, tinha quase certeza de que não ganhava o mesmo salário de muitos dos meus colegas. Eu não era mercenária em relação a dinheiro, mas minha família tinha feito muitas escolhas difíceis para apoiar minha carreira, então era importante eu ser paga em um nível competitivo para o mercado. E isso não estava acontecendo, apesar de ter levantado essa questão várias vezes ao longo dos anos.

Scotty e eu discutimos minha situação nas semanas seguintes. Eu estava realmente em dúvida. Sempre tinha me imaginado trabalhando para a IBM e administrando a empresa. Devido a todas as realocações e à carreira de Scotty na IBM, a maioria dos nossos amigos era ligada à empresa. Eu me sentia realmente desleal, e quase culpada, só de pensar em deixar a empresa e deixar as pessoas que conhecia. De muitas formas, tinha crescido dentro da IBM.

Passei por uma montanha-russa emocional naquele período. Em um minuto, estava zangada com a empresa por me deixar de lado e me colocar nessa posição, e então ficava triste e insegura, pensando em deixar minha "família" na IBM. Tentava racionalizar que talvez estivesse vendo a situação de maneira errada, que não tinha feito tudo em meu poder para me posicionar adequadamente e me convencia que devia ficar. Afinal, seria muito mais fácil e mais confortável simplesmente permanecer onde eu estava. Mas continuávamos voltando ao meu objetivo de ser CEO e ao fato de que merecia ser paga justamente.

Por fim, decidimos que era hora de conseguir meu lugar à mesa e ser paga de maneira adequada por isso. Se a IBM não ia me pagar para sentar à mesa da empresa, eu teria que encontrar outra mesa à qual me sentar. Iria manter meu objetivo de me tornar CEO, por isso procurei o melhor passo seguinte para apoiar esse objetivo.

Embora eu estivesse administrando um negócio multibilionário para a IBM, as pesquisas me ensinaram que as pessoas que deixavam uma empresa grande para administrar uma menor, em geral, lutavam e tropeçavam no novo ambiente.

Como mulher e minoria, sabia que não tinha muitas oportunidades de rebater as dificuldades quanto os homens, então queria aumentar minhas chances de sucesso. Antes de ir atrás de uma posição como CEO, decidi que precisava aprender o que era tão diferente nas empresas menores.

Pedi demissão da IBM e a família toda se mudou para Dallas, onde me tornei presidente da Blockbuster.com e dobrei meu salário.

Como disse, estávamos no ano de 1999, e a internet era uma novidade no cenário empresarial. A Blockbuster tinha acabado de colocar seu site no ar, e eu era chefe de uma divisão relativamente independente dentro da empresa. Lançamos a Blockbuster.com inicialmente para oferecer informações sobre os filmes, sobre a indústria do cinema e sobre as lojas da Blockbuster, e também para vender vídeos e parafernálias relacionadas a filmes. A visão final era criar um portal na web para download de filmes. Estava animada com o desafio, animada por trabalhar em um setor tão vibrante, com tanto potencial de crescimento. Meus filhos também adoraram todos aqueles filmes grátis.

Não demorou muito para que uma oportunidade ainda maior aparecesse. Fui procurada por Reed Hastings, diretor na Netflix. Naquela época, a Netflix tinha uma tecnologia incrível, mas não tinha relacionamento com estúdios de cinema e empresas de conteúdo. A Blockbuster não tinha a tecnologia, mas tinha todo o resto: relacionamentos com todos os estúdios e salas de cinema, e uma rede dominante nacionalmente com uma base de clientes muito ativa. Hastings achava que a Netflix e a Blockbuster podiam se unir sob a marca Blockbuster.com e conquistar o mundo. Eu achei que ele estava absolutamente certo.

Reed e alguns membros de sua equipe voaram até Dallas para fazer a proposta. Depois daquela reunião, meu chefe deixou claro para a equipe de executivos que não apoiaria.

— A Netflix não é nada — disse ele. — Nunca vão sair do chão e, se acabarem se tornando alguma coisa, então nós os compramos.

Discussão encerrada.

Eu não podia acreditar no que estava ouvindo. Tínhamos a chance de dominar o mundo dos filmes alugados e, em última instância, do *streaming*, era um passo em direção ao futuro. Mas a liderança da Blockbuster não pôde ser convencida. Tinha menos de oito meses no cargo. Tentei me concentrar em construir BB.com e desenvolver novas ofertas, como reserva de filmes on-line com retirada nas lojas, mas, para mim, o prognóstico era desfavorável. Baseada na estratégia da Blockbuster, sabia que aquela não era a empresa para mim.

Às vezes, você se depara com obstáculos que não pode mover, então precisa dar a volta neles.

Nessa época, o Vale do Silício estava em todas as notícias. A Califórnia vivia uma segunda "corrida do ouro", mas, dessa vez, o ouro era a tecnologia, e pessoas de todo o mundo migravam para o Vale do Silício em busca do sucesso da internet.

— Scotty, acho que a Blockbuster já deu para mim — disse uma noite para meu querido e paciente marido. — Acho que preciso ir para o Vale do Silício e estar onde está a ação.

E, é claro, ele apoiou minha decisão.

29. Faça a escolha certa no momento certo

Durante meus trinta anos, minha família se mudou várias vezes, e toda vez, imediatamente, comecei a criar raízes na nova cidade, assim como minha mãe fizera quando eu era criança. Enquanto a estratégia da minha mãe era seguir pela vizinhança conosco, seus filhos, para fazer apresentações, eu tinha meus próprios métodos para conseguir conhecer nossos vizinhos.

Se você já se mudou alguma vez, sabe que leva certo tempo para desencaixotar e organizar tudo, certo? Enquanto isso, é inevitável que haja algum objeto simples de que você realmente precisa, mas não consegue encontrar, não é mesmo? Bem, quer eu conseguisse encontrar o que precisava ou não, eu batia na porta do vizinho, me apresentava como membro da família que tinha acabado de se mudar e pedia alguma coisa emprestada: um martelo, uma chave de fenda, um grampeador... Não importava. Era só uma desculpa para me conectar. Então, podia me conectar novamente quando ia devolver o objeto.

Depois disso, Scotty e eu adotávamos uma estratégia de acompanhamento — dávamos uma festa sessenta dias depois da mudança. A festa tinha dois objetivos para nós: estabelecia um prazo final para tirarmos as coisas das caixas e servia como acompanhamento para aquelas conexões iniciais com nossos vizinhos. Convidávamos de todos que tínhamos conhecido e de quem tínhamos gostado naqueles primeiros sessenta dias. Essas reuniões ecléticas davam início às nossas interações sociais, uma vez que alguns convidados devolviam o favor e nos convidavam para eventos em suas casas.

Nossas festas davam início à nossa socialização como família, mas cada membro tinha seus próprios ajustes para fazer cada vez que nos mudávamos. Em Dallas, no início, os amigos de Kheaton achavam estranho que o pai dele não trabalhava. Mas não demorou muito para que descobrissem como Scotty podia ser divertido. Depois de algumas tardes de basquete e jantar em nossa casa, os amigos de Kheaton começaram a achar que Scotty era o pai mais bacana de todos.

Vamos falar só um minuto sobre a realidade de Scotty, um pai em tempo integral, ex-jogador de futebol na casa dos cinquenta anos, esperando para pegar os filhos depois da escola ou da aula de dança, com as mães do nosso subúrbio em Dallas. Imagine só: Scotty, ainda bem em forma, quase um metro e noventa de altura, noventa quilos de puro músculo, ombros largos, pernas compridas, parado entre aquelas mulheres que podiam ser parte do elenco de *The Real Housewives*. Por sorte, Scotty é extrovertido, falante, engraçado e charmoso. Quando se deparava com qualquer situação constrangedora, lidava com isso de cara.

Uma das histórias favoritas de Scotty sobre aqueles primeiros tempos em Dallas é sobre um telefonema que ele recebeu da mãe de um dos colegas de futebol de Kheaton. Scotty tinha conversado com ela antes, mas só com aquela polidez sulista meio reservada.

— O que posso fazer pela senhora? — perguntou ele.

— Bem, hum... Bem, estou ligando porque meu filho disse que eu tinha que ligar — confessou ela. — Ele quer descobrir como você consegue deixar o uniforme do Kheaton tão limpo e branco.

— Ah, nós temos uma mistura secreta para isso — disse Scotty.

O segredo tinha sido ensinado pela minha mãe, e Scotty compartilhou: coloque os restos das barras de sabonete em um pote de vidro, acrescente duas colheres de sopa de amônia e uma xícara de água, e deixe na lavanderia. Quando tiver uma mancha, mergulhe uma escova de dentes velha no pote de vidro e esfregue-a no sabonete. Limpe a mancha com a escova de dentes, e lave como sempre. Ela o agradeceu pela dica e, dali em diante, o relacionamento entre eles foi muito mais caloroso.

Enquanto Scotty e Kheaton abriam caminho em nossa comunidade em Dallas, Kethlyn fazia igual, de sua forma. Ela estava se tornando uma jovem muito inteligente e motivada. Eu via muito de mim mesma nela, e ainda vejo. Mas nem tudo era perfeito em seu mundo. Não acho que Scotty e eu percebemos o quanto as mudanças que fizemos naqueles anos afetaram nossa filha. Certamente, posso me identificar com as interrupções, por ter mudado várias vezes na minha infância. Mas eu tinha minhas irmãs e minha mãe; Kethlyn tinha que dizer adeus a todas as suas amigas cada vez que partíamos. As realocações repetidas a empurraram para novas situações, nas quais ela tinha que modificar sua personalidade a fim de se encaixar, espelhando o modo de falar, os interesses e os comportamentos das pessoas ao seu redor. Acho que ela perdeu um pouco de si mesma ao longo do caminho.

Kethlyn era muito clara ao dizer que odiava se mudar, mas continuávamos a nos mudar mesmo assim. Imagine um forte golpe na autoestima. É difícil se sentir autossuficiente quando seus desejos mais ardentes são ignorados. Pelo menos, era como parecia visto da perspectiva dela.

Isso veio à tona no final do Ensino Fundamental, quando nos mudamos para o Japão. Kethlyn encarou a mudança com calma, eu achei, mas depois descobri que fora um verdadeiro trauma para ela. Naquela época, ela estava entrando na oitava série, e tudo o que queria fazer era terminar o Fundamental com seus amigos. Quando nos mudamos do Japão para Dallas, tinha aquilo em mente. No primeiro ano de Kethlyn no Ensino Médio, Scotty e eu lhe fizemos uma promessa: não a obrigaríamos a mudar novamente durante o Ensino Médio se ela não quisesse ir.

Falando de escola, desde a época que nossos filhos começaram no Ensino Fundamental, em cada mudança que minha família fez, Scotty e eu adotamos a estratégia dos meus pais de nos mudarmos para o melhor distrito escolar que pudéssemos conseguir. Em Dallas, isso significava que nossa vizinhança era, como costumávamos dizer (entre nós mesmos), cheias de executivos e herdeiros de fundos credores. Isso também significava que, cultural e racialmente, era um lugar muito homogêneo. Na verdade, era tão homogêneo que Kethlyn era a única garota negra em todo o Ensino Médio. Na escola inteira. *Ah, meu Deus! Ela acaba de se mudar de um país estrangeiro e, em vez de se sentir em casa e confortável, ainda sente que é a única do lugar.* Não pude deixar de lembrar como aquilo era para mim. O paralelo era tão claro que sentia a apreensão dela em meu coração.

Em um fim de semana, decidi perguntar a Kethlyn sobre isso.

— Kethlyn, o que você acha até agora da escola nova? Já conheceu alguém interessante?

Ela desanimou visivelmente.

— Argh. Não. Mãe, não tem ninguém naquela escola com quem eu possa me relacionar.

Encolhi por dentro, mas tentei dar um sorriso reconfortante.

— Sério, querida? Nenhuma pessoa?

— Não, mãe, é horrível. Todo mundo fica de um lado para outro com suas bolsas *Prada* e seus sapatos de marca, e nem consigo falar com elas. Não tem jeito de eu me encaixar aqui. Odeio este lugar!

Acreditei nela. Kethlyn tinha contado que as pessoas estavam dizendo que ela era a única pessoa negra que já tinham conhecido. Tinha visto a casa dos nossos vizinhos e os carros estacionados diante da escola. Mas eu também já tinha passado por aquilo, e sabia o que dizer. Segurei as mãos de Kethlyn e as apertei.

— Escute, querida, sei que parece assim agora para você, e acredito no que está me dizendo. Mas essas garotas que você está vendo são as que querem ser vistas. É por isso que estão exibindo sua riqueza, para serem notadas. Se olhar um pouco mais fundo, prometo que verá que nem todo mundo é assim.

Ela fez uma expressão de dúvida.

— Kethlyn, estou falando sério. Sei que há pessoas em sua escola que compartilham seus valores e prioridades. Nem todo mundo naquela escola é exatamente igual. Olhe mais fundo e encontrará pessoas como você. Eu prometo.

Kethlyn, por sorte, acreditou em minha palavra. Voltou para a escola e tentou. Conseguiu um lugar na equipe de exibição e se tornou a primeira tenente negra. Entrou para a ONG Habitat para a Humanidade, participou de algumas peças da escola e, sim, encontrou amigos para a vida inteira.

Quanto a Kheaton, ele era (e ainda é) um jovem muito engraçado e agradável. Nunca teve dificuldades em se dar bem com as pessoas. Mas, conforme crescia, ele começou a desenvolver um certo sentimento de que não queria que os demais lhe dissessem o que era importante e o que não era. Isso se aplicava à lição de casa. Ele simplesmente não queria fazer. Os professores de Kheaton nos disseram que ele era inteligente, mas não se interessava. Estava entrando em uma zona perigosa, com notas baixas e professores frustrados. Nós também estávamos frustrados — em especial porque Kheaton ia muito bem em todas as atividades extracurriculares —, mas não conseguíamos convencê-lo a fazer a lição de casa.

— Isso não importa — dizia ele. — Por que eu devia fazer essa coisa inútil?

— Porque, Bud — Scotty lhe dizia dia após dia —, você precisa conseguir boas notas para entrar na faculdade, conseguir um diploma e, então, fazer o que quiser da sua vida.

— Mas e se o que eu quiser fazer não tiver nada a ver com a faculdade? — perguntava ele.

Para nós, a resposta era óbvia: você vai para a faculdade e consegue um diploma para poder ter opções, depois escolhe o caminho que quiser. Mas isso não convencia nosso filho. Depois de muita discussão e angústia, Scotty e eu optamos por mandar Kheaton para um acampamento estilo militar durante o verão. Pensamos que talvez a estrutura e a ênfase no trabalho na direção de um objetivo fossem revigorantes para ele. Claro que ele achou que era uma tortura.

— Você quer voltar? — eu perguntava.

— Não!

— Ok, neste caso, a escolha é toda sua. Não vou pedir que tire apenas notas máximas, Kheat. Apenas faça sua lição.

Depois daquele verão, ele fez. Nunca mais voltou ao acampamento e, milagrosamente, não pareceu ficar magoado conosco por mandá-lo para lá. De fato, uma vez ele nos agradeceu por termos sido pacientes durante aquela fase. Sinto a mesma gratidão por ele ter sido paciente conosco.

Mesmo antes de nos tornarmos pais, Scotty e eu tínhamos identificado três qualidades principais que queríamos ajudar nossos futuros filhos a desenvolver: autossuficiência, confiança e carinho em relação aos outros. Eu podia ver essas qualidades se desenvolvendo em Kethlyn e Kheaton. Por fim, parecia que todo mundo tinha acertado a vida em Dallas.

Então decidi mudar para a Califórnia.

Essa foi a gota d'água para meus filhos carinhosos, confiantes e cada vez mais autossuficientes. Kethlyn, em particular, não aceitou. Mal tinha terminado o primeiro ano do Ensino Médio, e a última coisa que ela queria era começar tudo de novo em um grupo social diferente. Então, ela bateu o pé. Lembrou-se da minha promessa prévia, de que eu não a obrigaria a se mudar durante o Ensino Médio.

E não obriguei. Mudei para a Califórnia sozinha, deixando minha família no Texas, e voltava para casa todo fim de semana, durante três anos. Na maioria das semanas, saía correndo do escritório na quinta-feira à tarde, pegava a rodovia na velocidade máxima, correndo para chegar ao aeroporto para o último voo para Dallas. Então, fazia uma viagem de várias horas, para finalmente chegar em casa quando todo mundo já estava na cama.

Nas sextas-feiras, eu trabalhava em casa e, no fim de semana, passava o máximo de tempo possível com meus filhos. Talvez não fosse a situação ideal para nenhum de nós individualmente, mas, na época, era a melhor escolha para nossa família. Kethlyn conseguiu terminar o Ensino Médio na mesma escola, e fui capaz de avançar na direção do meu objetivo de carreira.

30. Seja flexível

Deixe-me reconhecer como minha vida tinha seguido de acordo com meu grande plano até ali — desde o momento em que me inscrevi em uma única universidade e consegui entrar, passando por conhecer Scotty no momento certo, ter meus dois bebês saudáveis quando eu queria, até Scotty conseguir sua aposentadoria, e minha subida exitosa pela escada corporativa da IBM até chegar ao platô dos executivos. Cruzar cada marco exigiu planejamento, pesquisa, criatividade na resolução de problemas, preparação, escolhas inteligentes, trabalho duro e, sim, uma boa quantidade de sorte, tanto do tipo que Scotty e eu fizemos acontecer quanto do tipo que chega como um presente. Agora o Vale do Silício estava prestes a exigir outro ingrediente essencial para o sucesso: flexibilidade.

Logo de início, achei bem fácil ser recrutada por empresas na Califórnia. Em vez de ignorar as ligações dos recrutadores de executivos, comecei a atendê-los, aproveitando para dizer o que procurava no Vale do Silício. Agora, essa dinâmica só existe em um mercado aquecido e em crescimento, no qual as empresas lutam para contratar habilidades-chave devido à escassez de candidatos experientes.

Nessa época, a web era algo novo, estava em expansão e havia muita demanda por lideranças experientes. Estava preparada para a oportunidade que aparecesse, e me ofereceram imediatamente uma posição em um provedor de DSL, a NorthPoint Communications. Achei que seria a adição perfeita ao meu conjunto de habilidades. Eu já tinha experiência em tecnologia e internet; esse cargo me daria experiência em telecomunicações. Acreditava que essas três áreas estavam convergindo, e ter experiência nas três ajudaria a me diferenciar.

Veja só o quanto NorthPoint me queria: depois de várias entrevistas, eles telefonaram e me ofereceram um trabalho como diretora de vendas.

— Sabe, ouvi o que estão tentando fazer e, sim, vocês precisam otimizar suas vendas — eu disse. — Mas também precisam otimizar seu custo de venda, e vocês têm outros objetivos que envolvem marketing. Se realmente querem que eu faça a diferença, vou precisar supervisionar o marketing também. — Com isso, me tornei vice-presidente de vendas e marketing, e negociei que a NorthPoint mudasse a família do meu assistente para o Vale do Silício também. (Mas valeu a pena, pois reduzimos o custo de venda em cerca de trinta por cento.)

Cheguei ao Vale do Silício quando a primeira bolha pontocom (ou bolha das empresas) estava em ascensão. A estabilidade da IBM já era. Ali, inovação, crescimento e mudança aconteciam em uma velocidade vertiginosa. Em menos de um ano, depois de alguns altos e muitos baixos, incluindo um pedido de falência depois de uma tentativa fracassada de aquisição pela Verizon, a AT&T comprou a NorthPoint. Um dos membros do conselho da NorthPoint me apresentou para a LoudCloud, onde conheci Ben Horowitz. Fui contratada como diretora de marketing e logo me tornei vice-presidente executiva de vendas e marketing. Eu estava surfando no topo da onda do Vale do Silício. E então a onda quebrou.

A LoudCloud vinha ajudando empresas de tecnologia a criar, gerenciar e otimizar seus websites, mas quando a bolha pontocom estourou, fechando as portas de incontáveis *startups*, nossa base de clientes foi dizimada. A LoudCloud me contratou em um momento desesperador. Eles precisavam manter toda uma base de novos clientes enquanto se readequavam para prestar serviços corporativos de ponta. Era um trabalho insano, um reposicionamento completo e reembalagem do produto, e mudamos totalmente a direção da empresa, passando do atendimento às *startups* ao atendimento de grandes empresas. Tínhamos uma equipe e tanto, conseguimos alcançar os objetivos em cerca de nove meses.

Essas eram as boas notícias.

As más notícias eram que a LoudCloud tinha um modelo de negócios de capital intensivo, e estava cada vez mais difícil levantar dinheiro. Para resumir, a LoudCloud fez a transição de um modelo de hospedagem de software de capital pesado, que exigia muito investimento em dinheiro para comprar equipamentos antes de gerar receita, para um modelo de software leve em ativos que exigia relativamente pouco dinheiro investido adiantado. Eles venderam a maior parte de seus negócios e receitas para a Electronic Data Systems. A empresa estava encolhendo para uma fração de seu tamanho original. Era hora de eu seguir em frente.

Antes de prosseguir, deixe-me falar um pouco sobre estabelecer objetivos e correr riscos. Tinha seguido meu objetivo de me tornar CEO até a Califórnia, longe da minha família e como única provedora da casa. Em um mercado de trabalho aquecido, isso parece um risco calculado e relativamente seguro. Depois do estouro da bolha pontocom, precisava dobrar a aposta e assumir riscos ainda maiores, mas — isso provavelmente não vai surpreender ninguém — *eu já tinha me planejado para isso.*

Antes de tudo, tinha total apoio e confiança do meu marido. Segundo, somos poupadores. Tínhamos dinheiro no banco — não uma tonelada, mas o bastante para viver se eu ficasse sem emprego um tempo.

Por fim, confiava nas minhas habilidades, na minha reputação e na minha resiliência. Neste ponto da minha carreira, acreditava que sempre conseguiria um trabalho — talvez não o emprego que eu queria, mas pelo menos um que permitisse pagar as contas.

Com essa fundação, me senti confiante para assumir riscos maiores.

Então, imagine isso: 2002, estou com quase quarenta anos. Aprendi muita coisa na NorthPoint e na LoudCloud, e sinto que estou pronta para ter uma chance como CEO. Adivinha só? O mesmo valia para centenas de outras pessoas. Muitas das empresas de tecnologias que tinham surgido no Vale do Silício tinham falido, e as ruas estavam lotadas de CEOs tentando encontrar novas empresas para liderar. Tendo estado na área só há poucos anos e, apesar do meu sucesso na Loudcloud, eu era desconhecida. Não só isso, mas quando as pessoas olhavam para mim, não me encaixava exatamente no perfil de CEO. Depois de todos aqueles anos, ninguém estava olhando para uma mulher negra alta da Costa Leste.

O momento era horrível. Mas lembre-se do que meus pais me ensinaram: não lido com o drama; lido em aceitar a realidade e controlar o que posso. A estrada para o sucesso parece diferente para cada um. Todos têm um caminho diferente na direção de seus objetivos, e nunca é inteiramente suave. Vivemos altos e baixos — alguns mais do que outros. Todos nos deparamos com obstáculos e perigos — alguns mais do que outros. Mas se você se mantém firme, se continua seguindo em frente, se permanece flexível, criativo e dedicado, vai encontrar um caminho.

Não estava disposta a desistir, então tinha que ser realista, flexível, criativa e pragmática. Fiz minha lição de casa. Conversei com investidores de risco, empreendedores e pessoas que estavam no Vale do Silício há mais tempo. Concluí que, com todos os CEOs no mercado que tinham conexões melhores do que as minhas, eu não ia encontrar uma oportunidade em uma empresa de alto nível. Era assim que funcionava naquele cenário: os investidores tinham suas participações em várias empresas e conectavam seus "melhores" candidatos a CEO com as empresas que tinham certeza de que teria sucesso. Eu sabia que não ia entrar nesses círculos. Mas também sabia que, se conseguisse entrar em uma empresa que não tinha tanta certeza de sucesso, poderia reverter esse quadro. O que eu queria era uma empresa que precisasse ser arrumada e que tivesse uma firma de capital de risco de primeira linha como investidora. Dessa forma, quando fosse a hora de encontrar meu próximo trabalho, teria a credibilidade de ter trabalhado para uma empresa de primeira linha.

Encontrei minha oportunidade na Zaplet. Era perfeita para mim, o que significava que estava quebrada, mas era bem conectada, com muito potencial. O principal investidor era Kleiner Perkins Caufield & Byers, uma empresa de capital de risco de primeira linha também conhecida como Kleiner Perkins. Eles estavam procurando um CEO. Pensei que talvez, apenas talvez, aquela fosse a minha chance.

31. Permaneça conectado

Ok, você já sabe como me sinto em relação ao mito do equilíbrio entre trabalho e vida pessoal. Eu não procuro equilíbrio; procuro integração. Não acredito em fazer sacrifícios, acredito em fazer escolhas. A realidade de ter uma família quando se é uma profissional jovem e ambiciosa é essa: você não está lá às vezes e perde algumas coisas. Dito isso, a família é profundamente importante para mim. Então, fiz todos os esforços para aparecer no lugar que amo, para estar com a minha gente. Mas também tive que trabalhar para definir as expectativas. Em especial, depois que me mudei para a Califórnia, tive que pensar sobre como mostrar para meus filhos o quão importantes eles são para mim, ao mesmo tempo que honrava com minhas responsabilidades profissionais. Tive a ideia de fazer acordos com meus filhos e de lutar para nunca, jamais, quebrar uma promessa.

Aprendi uma ótima estratégia com Carol Bartz, enquanto ela era CEO da Autodesk. Carol e eu fomos apresentadas por um amigo em comum. Nós nos encontramos para um café e descobrimos que tínhamos muita coisa em comum, inclusive o fato de que calçávamos quarenta. Durante essa conversa, ela compartilhou comigo uma abordagem que fez uma imensa diferença em nossa família. Toda vez que Kethlyn ou Kheaton começavam uma nova atividade ou semestre, dávamos uma olhada em todos os seus jogos, recitais e assim por diante, e tinha uma ideia de quantos poderia provavelmente assistir. Então, eu fazia uma promessa para eles:

— Virei em pelo menos quatro jogos neste semestre.

Então, tentava aparecer em seis jogos. Dessa forma, se não conseguisse estar presente todas as vezes, pelo menos cumpria a promessa dos quatro jogos. Se conseguisse aparecer em todos os seis, eles ficavam muito mais felizes comigo. Nunca quis que meus filhos ficassem olhando para as arquibancadas, procurando uma mãe que não estava ali.

Também tinha uma promessa de telefonemas. Dizia para meus filhos que, sempre que quisessem falar comigo, tinham apenas que ligar. Mesmo se estivesse no meio do expediente, se pudesse atendê-los, eu atenderia. E se não atendesse, mas fosse realmente importante, eles só tinham que ligar pela segunda vez que eu atenderia. Isso lhes passava uma mensagem firme de que, mesmo que meu trabalho consumisse grande parte do meu tempo, meus filhos tinham o lugar primordial em meu coração.

Claro, enquanto estava me deslocando entre Dallas e o Vale do Silício para trabalhar, estar presente para minha família ficou um pouco mais desafiador. Um dos melhores meios de conexão me chegou de surpresa de Kethlyn, que estava no segundo ano do Ensino Médio durante meu primeiro ano na Califórnia. Naquele Dia das Mães, quando abri o presente de Kethlyn, fiquei um pouco confusa. Era um livro fino, com símbolos de viagem na frente. Parecia um daqueles livros em branco que você encontra nas papelarias.

— Abra — disse Kethlyn, e então eu abri. Na primeira página, encontrei isso:

Querida mamãe,
Comprei este livro para que possamos ficar mais em contato. Vou ficar com ele uma semana e escrever meus pensamentos e, então, entrego para você. E você pode ficar com ele na semana seguinte e escrever seus pensamentos.
Com amor, Kethlyn

Enquanto lia o bilhete, comecei a chorar. Depois de toda a luta, todo o tempo separadas, todas as grandes mudanças às quais eu tinha submetido minha filha, ela queria manter um contato mais próximo de mim. Fiquei tomada de gratidão por Kethlyn, por ela se importar tanto comigo e me amar apesar de tudo.

Nós mantivemos contato, toda semana. De fato, eu realmente gostava de escrever meus pensamentos no diário e compartilhar com ela.

Meu apartamento na Califórnia era alugado, um lugar disperso e vazio, o tipo que alguém vai morar quando acabou de se divorciar. Parecia estranho e, francamente, era um pouco deprimente ir para casa para aquele lugar sem vida. Embora Scotty e eu conversássemos todas as noites, e eu conversasse com frequência com as crianças, sentia falta do ambiente físico de casa. Então, escrevia no diário sobre o que tinha acontecido no meu dia.

> Oi, querida,
> Acabo de terminar outro longo dia. Tivemos uma reunião com um canal parceiro, tentando fazer com que ele aumentasse suas linhas DSL conosco. E eu tive que finalizar a apresentação de vendas e marketing para o conselho. Agora, estou sentada no meu apartamento quase sem móveis, comendo uma salada e um jantar que acabei de descongelar, desejando estar em casa com vocês, desfrutando da comida do seu pai. As noites são o pior momento. Mas esta é a troca que estamos fazendo, para que tanto você quanto eu possamos ter o que tanto queremos. Enquanto encaro essas paredes brancas, tenho que ficar lembrando a mim mesma que quero ser CEO e quero que você vivencie o Ensino Médio sem ter que se mudar. É por isso que estou aqui, neste apartamento vazio.
> Amo você.

Não era muito, só um diário, mas ajudava. Mas, mais do que registrar meus pensamentos, adorava ler o que Kethlyn escrevia sobre sua vida. Isso fazia com que eu sentisse que estávamos administrando bem tudo aquilo, que minha família estava em um caminho positivo.

Em resumo: se escolher combinar carreira e família, você precisará fazer trocas. Porém, com criatividade e cooperação, sua família pode encontrar maneiras únicas de permanecer conectada, mesmo quando o trabalho o distancia de casa.

32. Nunca aceite morrer

Antes de me comprometer com a Zaplet, precisava fazer as devidas diligências, tanto sobre a empresa quanto sobre o investidor-chave. Pedi para In Sik Rhee, o CTO da Loudcloud, que investigasse o software para mim. Ele me garantiu que a Zaplet tinha uma base de software com a qual eu poderia trabalhar. Na sequência, perguntei para os conhecidos sobre Vinod Khosla, o parceiro da Kleiner Perkins responsável pelo investimento na Zaplet. Descobri que ele era realmente inteligente, trabalhava duro por suas empresas e tinha um histórico de sucessos. Também descobri que ele era obstinado e tinha a reputação de querer mandar nas empresas.

Quando fui para meu primeiro encontro com Vinod, estava bem confiante de que ele fosse me oferecer o trabalho. Eu já estava negociando as compensações com a empresa parceira de recursos humanos. Mas tinha uma questão crucial que ainda precisava ser respondida, e suspeitava que fazê-la podia mudar a opinião de Vinod sobre me contratar. Ao entrar em seu escritório, eu me sentia bastante nervosa, animada e determinada, tudo isso ao mesmo tempo.

Ali estava ele, dando a volta na mesa para me cumprimentar com um aperto de mão, gesticulando na direção de uma pequena mesa cercada de cadeiras. Eu me sentei, admirando as grandes fotografias de seus quatro filhos que tomavam as paredes de seu escritório.

Depois de alguma conversa fiada, Vinod me atualizou sobre os resultados das diligências que tinha feito a meu respeito; então me ofereceu o cargo de CEO. Respirei fundo, olhando-o direto nos olhos, e falei:

— Obrigada, Vinod. Só tenho uma pergunta. — Respirei devagar mais uma vez. — Você tem uma ótima reputação de apoiar suas empresas, mas também tem a reputação de ser determinado e, às vezes, dominador. Só preciso saber, antes de responder se aceito seu convite, se você está me contratando para implementar sua estratégia para a empresa ou se está me contratando para ser a CEO?

Uau, eu perguntei!

Vinod olhou bem para mim. Uma pausa longa e desconfortável. Longa o suficiente para que todo tipo de insegurança passasse pela minha mente. *Será que eu o ofendi? Estraguei tudo?*

Então, seu olhar de aço suavizou um pouco e os cantos de sua boca ameaçaram um sorriso.

— Shellye, tenho opiniões fortes e uma personalidade desafiadora. Às vezes, os CEOs confundem isso com diretivas. Eu quero contratar você para ser a CEO, para administrar a empresa, totalmente encarregada e responsável por ela.

Sim!

Nunca vou me esquecer daquele dia; era dezembro de 2002. Saí do escritório de Vinod Khosla, entrei no carro e liguei para o meu marido.

— Consegui o emprego de CEO.

— É claro que conseguiu — disse ele.

Uma CEO aos quarenta anos. Eu tinha alcançado meu objetivo. Agora era hora de trabalhar.

...

Antes do estouro da bolha pontocom em 2001, a Zaplet era uma *startup* intensa, erguida sobre um capital de risco de cem milhões de dólares. Quando comecei, em dezembro de 2002, sobrava menos de dez por cento desse dinheiro. A plataforma de software tinha sido projetada para ajudar departamentos de TI a construírem aplicativos com rapidez e facilidade. Mas, depois que a bolha estourou, os departamentos de TI não estavam mais gastando dinheiro com nada que não tivesse retorno imediato do investimento, e a plataforma de software da Zaplet não garantia isso. As vendas para novos clientes estavam basicamente paradas. As despesas de caixa da empresa eram maiores que o dinheiro recebido. Meu trabalho era fazer a empresa dar a volta por cima, e rápido, ou acabaríamos falindo.

Seria uma corrida contra o relógio. Eu tinha que minimizar a queima de caixa, para dar a mim mesma tempo para desenvolver uma nova estratégia à empresa antes que o dinheiro acabasse. Nós cortamos custos nos lugares que podíamos e começamos a procurar problemas nos negócios, não interna, mas externamente. Para se ter sucesso, a empresa tinha que ajudar outras organizações a resolverem questões que estavam causando dores de cabeça reais e mensuráveis. Eu precisava descobrir quais desses problemas podíamos resolver, aproveitando o software da Zaplet. Comecei a falar com pessoas inteligentes que se concentravam em tendências de mercado, interagiam com executivos sêniores e investiam. Não pedi que elas me aconselhassem sobre como reconstruir a Zaplet; pedi que me contassem sobre os problemas difíceis que as empresas estavam lutando para resolver.

Roger McNamee foi a primeira pessoa a mencionar o desafio de cumprir regras e regulações, a chamada conformidade ou *compliance*. Nos primeiros tempos da internet, era como o Velho Oeste. Não havia regras. Mas, conforme o número de empresas baseadas em ambiente web cresceu, surgiram novas regras sobre o que era ou não permitido fazer com os dados pessoais dos clientes. Governos ao redor do mundo estavam promulgando cada vez mais regulações para empresas on-line, e multas e consequências pelo não cumprimento das normas cresciam de forma significativa. Mas nem sempre a conformidade era fácil para as empresas, em geral com as regulamentações mudando tão rápido. Eu tinha encontrado nosso problema: podíamos aproveitar a plataforma de software da Zaplet para criar aplicativos que ajudassem as empresas a gerenciar o *compliance* e, dessa forma, minimizar o risco de se expor aos custos reais da não conformidade.

Agora tínhamos uma estratégia. Mas transformar a empresa que eu tinha naquela que precisava para executar essa estratégia ia demandar tempo e dinheiro, e eu não tinha nenhum dos dois sobrando. Mais ou menos nessa época, Vinod me apresentou a Gunjan Sinha, CEO da MetricStream, uma empresa menor focada no gerenciamento de qualidade e na conformidade operacional. No outono de 2003, concordamos em combinar as duas empresas para atingir o que acreditávamos ser uma nova categoria de software: conformidade compreensiva e gerenciamento de risco. Com a nova estratégia e nossa empresa combinada, conseguimos levantar o investimento em dólar para financiar nossa execução.

Nos anos seguintes, construímos aplicativos e soluções de software para gerenciamento de conformidade, gerenciamento de risco, auditoria interna e coisas assim. Em 2005, lançamos o ComplianceOnline.com, o primeiro portal para profissionais de *compliance* e gerenciamento de risco que proporcionava conteúdo, treinamento e melhores práticas para nosso mercado alvo, enquanto nos fornecia insights e oportunidades de negócios. Fizemos um grande esforço de 2005 a 2007, uma empresa desconhecida tentando convencer grandes empresas que podíamos resolver um de seus problemas mais espinhosos. No início de 2008, fizemos uma pausa. O analista da indústria Gartner publicou uma pesquisa, "Quadrante mágica para governança corporativa, plataformas de risco e conformidade", que descrevia este novo mercado e destacava os líderes de mercado. A MetricStream foi citada entre os líderes. Por fim, nossa empresa estava validada. Nossos telefones começaram a tocar com pessoas interessadas e demanda por nossos produtos. Nossa relevância estava crescendo. Precisávamos aproveitar o momento, então aumentamos as vendas e o marketing com o plano de arrecadar dinheiro novo para crescer em 2009, na esteira do que projetamos ser um forte crescimento de vendas em 2008.

Bem... As coisas não saíram como o planejado. Ainda que as vendas tenham aumentado, o mercado de ações despencou em 29 de setembro de 2008. O índice Dow Jones caiu 777,68 pontos em um único dia, a maior queda na história naquela época. As novas vendas tiveram uma parada brusca e, de repente, o saldo bancário da MetricStream diminuía a cada dia. Tínhamos que cortar custos e demitir pessoas — uma reviravolta terrível para todos nós. Mas a pior decisão ainda estava por vir.

Iniciamos janeiro de 2009 com pouco dinheiro. Íamos fechar a empresa ou continuar lutando? Para colocar o desafio em perspectiva, tínhamos menos de dois milhões de dólares no banco, e só nossa folha de pagamento trimestral era maior do que isso, sem mencionar as despesas operacionais que também precisávamos cobrir. Era hora de traçar uma estratégia. Juntamos os principais líderes da MetricStream para mapear um plano de jogo. Todo mundo concordou: íamos continuar lutando. Tínhamos chegado tão longe e tínhamos provado a doçura do sucesso. Tínhamos trabalhado duro por aqui e queríamos de volta. Então, nós nos recusamos a morrer. Na verdade, acrescentamos "Nunca aceite morrer" ao lema da nossa cultura. Trabalhamos e retrabalhamos o modelo de negócios. Os líderes sêniores concordaram em ter os salários reduzidos, e eu sabia o que precisava fazer.

Scotty sabia que a MetricStream passava por tempos difíceis, assim como muitas empresas, então não ficou completamente surpreso quando cheguei em casa e perguntei como ele se sentia se eu abrisse mão do meu salário por um ano.

Tínhamos acabado de limpar a cozinha após o jantar, e ele estava sentado em um banco.

— Como vamos fazer isso dar certo? — perguntou ele com uma sobrancelha erguida. — Você já fez as contas?

Eu me sentei no colo dele.

— Já fiz as contas e nós conseguimos. Nossas economias vão sofrer um belo golpe, mas podemos passar por isso sem nos endividarmos. Querido — disse segurando o rosto dele entre minhas mãos —, sei que este não era o plano, mas trabalhamos tanto para colocar a MetricStream neste ponto. Sei que estamos resolvendo questões reais e sei que governança, gestão de risco e conformidade serão grandes oportunidades.

Acredito na equipe. Se alguém pode fazer essa empresa dar certo, somos nós. Mas o risco é alto. Estamos nisso juntos, Scotty. O que me diz?

Ele olhou nos meus olhos suplicantes, sorriu e me beijou.

— Já fui pobre antes.

Rimos e nos abraçamos. Depois de 24 anos de casamento, estava pronta para me casar com ele de novo. E, com seu apoio, estava pronta para virar a empresa de cabeça para baixo. De novo.

33. Continue aprendendo

Enquanto isso, na varanda do nosso lar, por mais focada que estivesse nas três qualidades que Scotty e eu queríamos ensinar para nossos filhos, eles estavam crescendo sozinhos, e eu estava me tornando mais ciente das lições de vida que os dois me ensinavam.

Kethlyn terminou o Ensino Médio e resolveu estudar em uma universidade historicamente negra. Eu apoiei sua escolha de coração, feliz por ela poder aprender mais sobre a cultura afro-americana, assim como seu pai, que também tinha se formado em uma universidade historicamente negra. Como acontece com muitos adolescentes, ela resistiu aos solavancos e hematomas dos anos do Ensino Médio. Apesar do diário compartilhado na época em que eu viajava de lá para cá, em retrospecto, me pergunto se Kethlyn e eu éramos tão próximas quanto podíamos ter sido. Tinha começado no cargo de CEO no último ano dela no Ensino Médio. Tinha muito trabalho duro para fazer para consertar a Zaplet, meus horários eram malucos e minha capacidade mental estava no limite. Cheguei a notar certa nuvem escura sobre a cabeça de Kethlyn às vezes — ela ficava um pouco mal-humorada, mesmo assim, jurava que não tinha nada errado e, então, ficava bem no dia seguinte. Mas, na verdade, que adolescente não faz isso? Eu tinha fé de que a autossuficiência, a confiança e o carinho de Kethlyn a levariam aonde ela quisesse ir.

Depois que a promessa para Kethlyn foi cumprida, depois que ela se formou, chegou o momento de Scotty, Kheaton e eu nos reunirmos. Minha carreira no Vale do Silício estava avançando, então eles escolheram deixar Dallas e morar comigo na Califórnia. Por fim, teria um lar estável novamente — faltando um membro importante, é claro, mesmo assim, eu estava ansiosa pela reunião. Seria bom receber um abraço no fim de um dia estressante.

Um pouco depois que nos instalamos em nossa nova casa na Califórnia, convidamos minha avó para morar conosco. Ela estava com 88 anos, morava sozinha e sua saúde começava a falhar sem motivo. Eu não queria aquilo para ela — queria que ela ficasse com a família e, em especial, comigo. Mas agora, minha avó e Scotty eram velhos compadres — ela costumava dizer que não poderia amá-lo mais nem se ela mesma tivesse dado à luz ele —, e claro que ela amava seu bisneto, Kheaton, agora um adolescente.

Então, ela se mudou para o terceiro quarto da nossa casa de quatro quartos. Eu estava em êxtase por ter o que parecia ser uma dinâmica familiar verdadeira de novo. Para minha filha, foi diferente. Com a mudança da minha avó e o outro quarto da casa reservado para hóspedes, Kethlyn não tinha um quarto seu na casa nova. Para mim, isso não parecia nada de mais, já que ela estava a caminho do outro lado do país, para estudar no Spelman College, e eu tinha certeza de que a faríamos sentir-se em casa sempre que ela viesse nos visitar.

...

Scotty e eu estávamos ambos empolgados com esse período da nossa vida. Depois de tantos anos como pais, agora tínhamos apenas um único adolescente em casa. Sentíamos que era um bom momento para começar a pensar no que queríamos ser como adultos naquela nova comunidade. Assim como meus pais tinham feito, nós tratávamos cada mudança, exceto para o Japão, como se fosse algo de longo prazo. Mas, em certo nível, acho que nós dois víamos o Vale do Silício como um lugar onde podíamos nos estabelecer por um tempo. Então, começamos a planejar saídas e festas e a conhecer pessoas.

Um sábado, depois de alguns meses na Califórnia, Kheaton entrou na cozinha para pegar algo para comer. Aos catorze anos, ele estava crescendo, por isso estava sempre com fome.

— Então, pai — perguntou ele —, o que vamos fazer neste fim de semana?

Scotty ergueu uma sobrancelha.

— Bem, eu não sei, o que você quer fazer? — Ele olhou de relance para mim e depois novamente para Kheaton. — E quanto a você, Bud? Tem algum plano?

Ele não tinha.

Eles resolveram alguma coisa, e eu não pensei muito no assunto até alguns minutos depois, quando Kheaton voltou para seu quarto para jogar videogame.

Scotty apoiou as mãos no balcão.

— Agora, o que você acha que foi isso? — perguntou ele para mim.

Eu estava terminando de cuidar da louça e não tinha prestado muita atenção.

— O que foi? — perguntei, dobrando o pano de prato sobre o balcão.

— Notou que tudo o que fazemos é sempre nós três?

— Você está falando de Kheaton? Bem, somos três, não somos?

— Shellye, você não acha estranho que ele ainda não tenha feito nenhum amigo?

Aquilo me pegou. Parei e coloquei a mão na cintura.

— Scotty, sabe de uma coisa? Você está certo. Ainda não ouvi falar de nenhum amigo dele.

Scotty franziu o cenho.

— Então, se for pensar, nós não conversamos uma vez sobre o fato de que, sempre que nos mudamos para um novo lugar, o primeiro amigo de Kheaton era o irmão do primeiro amigo de Kethlyn?

— Ah, meu Deus, você está certo. Scotty, ele nunca teve que fazer amigos sem a irmã antes!

Scotty deu uma gargalhada.

— Ele vai dar um jeito. Só espero que ele conheça logo alguém de quem goste.

Nós nunca soubemos realmente o que se passava na mente do nosso filho naquela época, mas depois ele nos contou que nossas realocações em série foram uma aula magistral de habilidades sociais. Nos primeiros meses depois que nos mudamos para a Califórnia, enquanto Scotty e eu nos preocupávamos, Kheaton estava apenas aprendendo a se encaixar na nova escola sem ter a irmã mais velha para abrir caminho para ele. No fim, foi seu entusiasmo pelas atividades extracurriculares que serviu para enturmá-lo e, quando começou a temporada de basquete, ele fez vários bons amigos.

A abordagem de Kheaton foi uma grande lição para mim. Minha vida tinha sido definida pela ambição, pela necessidade de avançar, pela resistência à espera. A paciência não era uma das ferramentas mais bem usadas do meu arsenal. Observar e esperar com meu filho — observá-lo assistir e esperar — não era natural para mim. Mas aprendi que Kheaton precisava fazer as coisas do jeito dele. Como eu, ele estabeleceu seu próprio cronograma para se mover pelo mundo. Mas não reconheceria isso até anos depois, quando o mesmo garoto que no passado não considerava a escola importante se formou com louvor na Howard University.

...

Se a paciência era meu desafio com Kheaton, Kethlyn e eu lutávamos com um conjunto distinto de questões. Apesar dos esforços do nosso diário compartilhado, Kethlyn e eu nos afastamos nos últimos anos de sua adolescência. Simplesmente não nos comunicávamos e compartilhávamos coisas como costumávamos fazer. Ela parecia estar sempre no controle, em seu próprio mundo, e não parecia precisar de mim. Refletindo agora, acredito que, de certa forma, eu tinha ciúme dos papéis que todas as outras pessoas desempenhavam na vida dela, porque meu papel tinha ficado em segundo plano. Trabalhava duro para proporcionar mais conforto e experiências para ela e para o irmão do que eu havia tido ao crescer e, embora fosse gratificante, queria ser mais do que apenas a provedora. Eu queria ser necessária. Agora, ela estava crescendo separada de mim, deixando-me do lado de fora, espiando para dentro. Era difícil e doloroso.

Não sei o que aconteceu naquela época. Só sei que, apesar de amarmos uma à outra, estávamos rompidas. Eu sentia que ela se afastava, e queria mantê-la por perto. Isso se manifestava em brigas por conta do horário de voltar para casa e pelo tempo passado com a família e com os amigos. Ela passava a noite com as amigas para evitar confrontos e para não ter que lidar com nossos problemas — mas ela era adolescente. Como esperava que ela lidasse com isso? Se não bastasse, eu não estava em casa, então a lacuna emocional entre nós somava-se ao espaço físico real. Era tudo muito difícil, e carregamos toda essa bagagem até que ela foi para a faculdade.

Eu provavelmente podia contar nas duas mãos a quantidade de vezes que tivemos conversas profundas nos primeiros anos de faculdade dela. Ambas lidamos com nossa parcela justa de crescimento pessoal naquele período. Kethlyn navegava em novos ambientes, vivenciava experiências traumáticas e novos relacionamentos sem mim, embora precisasse de mim e me quisesse ali. E eu mergulhava no trabalho e continuava tentando encontrar o jeito certo e o momento adequado para cruzar o oceano entre nós. E, assim como a maioria das coisas, não há hora certa e não há momento correto para eu simplesmente mergulhar, então começamos a nos falar por telefone de vez em quando. Conforme ficava mais velha, Kethlyn percebeu que eu não era apenas a mãe dela, também era humana, e ela era minha filha mais velha. Lembro claramente de uma das nossas conversas, quando eu simplesmente a interrompi e disse:

— Kethlyn, você é minha primeira filha. Não tenho ideia do que estou fazendo. Estou operando sem uma rede de segurança!

Eu podia planejar todas as partes da minha vida, mas essa ia exigir que planejássemos juntas para descobrir como conseguir ter o relacionamento que ambas queríamos. Então, foi o que fizemos, dia após dia, telefonema após telefonema.

Dez anos depois de se formar no Spelman College, Kethlyn foi indicada para falar na convocação de 2017. Em uma postagem do Instagram, ela fez sua proposta para o comitê de seleção:

Como consigo "estar" em todos estes papéis (mulher, funcionária, empresária, mãe, esposa e amiga) e também ser uma pessoa feliz e de sucesso? A resposta: tomei decisões estratégicas sobre todas as facetas da minha vida. Os empregos que aceitei (e os que recusei), o tipo de pessoa com quem me casei, como planejei as finanças e os cronogramas de nossa vida para podermos ir atrás das coisas com as quais sonhamos e minha saúde física e mental que coloquei como prioridade, em especial, depois que meus filhos nasceram. Estava determinada e, francamente, sem sentir culpa por estabelecer um padrão para o que eu precisava e me colocar na frente do resto. É por isso que quero encorajá-los a determinar sua própria estratégia... Assumidamente.

Meu coração explodiu de alegria quando li essa postagem. Apesar dos altos e baixos do nosso relacionamento ao longo dos anos, das minhas deficiências e do aprendizado "no trabalho", ela ainda se tornou uma mulher confiante. A postagem de Kethlyn descreve exatamente o que eu esperava que minha filha entendesse sobre a vida: você sempre tem uma escolha, e tem o direito de fazer suas escolhas e defendê-las sem sentir culpa. Isso também vale para você: faça suas próprias escolhas e as siga, sem sentir culpa.

34. Você merece

No fim, a Zaplet, a empresa quebrada confiada aos meus cuidados, se tornou a pequena empresa que podia ser. Ao longo de dez anos, com uma equipe brilhante e um parceiro incrível, Gunjan Sinha, reunimos todo o potencial possível e a modelamos em uma corporação vibrante e de sucesso, conhecida agora como MetricStream. Conquistamos nossas colocações nas listas Red Herring Top 100 e Deloitte Technology Fast 50. Os analistas de software nos indicavam como líderes do ramo todos os anos. Das 45 pessoas com as quais começamos, crescemos até empregar mais de mil funcionários. Ganhamos prêmios e servimos clientes em todo o mundo. Sim, vivenciamos experiências de quase-morte várias vezes ao longo desses anos, mas agimos de acordo com nosso grito de guerra, "Nunca aceite morrer", e conseguimos ter sucesso. Sou extremamente orgulhosa do que a equipe realizou.

Sou igualmente orgulhosa de todas as maneiras como minhas estratégias — para meus objetivos de carreira, para minha família e para a empresa — me levaram a viver minha melhor vida. Agradeço a Shellye de dezesseis anos pela audácia de estabelecer o objetivo que me guiou por toda minha carreira, e a Shellye aluna de faculdade por imaginar o parceiro e a família que me apoiariam ao longo do caminho. E, é claro, agradeço ao meu marido, Scotty e aos nossos filhos, Kethlyn e Kheaton, por me acompanharem nessa jornada. Embora de certa forma minha história pareça um conto de fadas, não há feijões mágicos ou fadas madrinhas envolvidos. Foi tudo uma questão de ambição, previsão, planejamento, flexibilidade e trabalho duro. Sabe o que isso significa?

Significa que você também pode fazer isso. Não importa onde comece ou quais são seus objetivos de carreira e de vida, você pode traçar estratégias para seu caminho até o sucesso. Acredite em si mesmo. Estabeleça seus objetivos. Vá atrás deles. Colha os frutos. Você merece. Essas são as mensagens que quero que leve com você.

Há uma crença subjacente nos Estados Unidos de que, não importa quem você seja, se trabalhar duro, tudo vai dar certo. Isso não é verdade. É mais como se você trabalhar de forma estratégica, pode melhorar suas chances de ter sucesso. Acredito que cada um de nós carrega uma mochila. Nela, estão todas as coisas que você recebeu na vida. Você não tem controle do que está na mochila. Às vezes, o peso é tão oneroso que, não importa o quão duro trabalhe, sempre vai sentir que está lutando para se manter em pé. Use essa mochila o tempo todo, e você vai se acostumar com ela. Pode começar a acreditar que você mesmo criou esse peso ou que merece carregá-lo. Mas isso tampouco é verdade. Você merece liberdade para estabelecer seus objetivos de vida e caminhar em direção a eles.

A mochila de cada um de nós é diferente. Para alguns, é o peso da desigualdade que vem desde o início; para outros, é o peso das tragédias que acontecem ao longo do caminho. Alguns de nós têm problemas familiares ou de saúde; outros são pegos por desastres econômicos ou políticos. Para minorias e mulheres da minha geração, nossas mochilas eram mais pesadas — maiores demandas domésticas, os desafios de se encaixar em lugares de trabalho dominados por homens, presunções sobre nossas capacidades, desejos e ambições. Além disso, carregamos o peso das expectativas da sociedade sobre nossa aparência, como nos vestimos e falamos; como devemos manter nossa casa e cuidar de nossos filhos; até do que devemos querer da vida. Não posso dizer que o peso foi tirado dos ombros das gerações seguintes, mas espero pelo menos que seja um pouco mais leve do que aquele que carregamos.

Certamente, as gerações de hoje têm mais modelos de comportamento. Quando eu era uma jovem profissional, não via negras liderando empresas.

Agora, vemos Ursula Burns na Xerox, Oprah Winfrey, Rosaling Brewer na Starbucks e Channing Dungey na ABC. Vemos mulheres afro-americanas eleitas senadoras e servindo em conselhos de empresas também. A lista continua curta, mas vem crescendo, assim como as listas de pessoas poderosas de todas as origens e identidades. Não há dúvida de que as minorias e as mulheres encaram melhores chances do que quando eu comecei. Francamente, no entanto, as chances ainda não são ótimas. Para nós, não é só uma questão de "trabalhe duro e você vai conseguir o que quer". É mais tipo "se você sabe o que quer, pode encontrar um jeito de conseguir".

Sim, o que quer que tenha na sua mochila, é você quem precisa carregar, mas — e não consigo enfatizar isso o suficiente — isso não tem que limitar seus objetivos. Você pode mirar alto e depois traçar as estratégias para seu caminho em direção ao sucesso. Você merece viver a vida que quer, nos seus termos. Na seção seguinte, vou compartilhar meus melhores conselhos para melhorar suas chances.

turbine suas chances

Quinta parte

35. Encontre seus mentores

Primeiro Sophia Velastegui me comprou; depois eu quase a quebrei.

Sophia e eu participávamos de uma organização de mulheres profissionais chamada Watermark. Eu tinha oferecido uma hora do meu tempo como parte de um leilão silencioso; Sophia fez o lance vencedor. Ela literalmente me comprou — e pagou uma boa quantia de dinheiro por mim. Estava ansiosa para ouvir o que ela tinha para dizer. Eu não tinha conhecido Sophia pessoalmente até aquele dia, mas ela entrou em contato comigo logo depois. Pelo telefone, sugeri que nos encontrássemos para uma caminhada, algo que ainda faço — combinar exercícios e conversas. O que não esperava era que minha parceira de caminhada estivesse grávida de oito meses.

Era um dia quente em Redwood Shores, e fiquei um pouco preocupada quando ela apareceu com sapatos de caminhada e uma barriga do tamanho de uma melancia.

— Tem certeza de que quer fazer isso? — perguntei.

— Ah, sim — respondeu ela. — Estou bem. Sério.

Eu imediatamente vi algo de mim em Sophia: determinada, ambiciosa, desejosa de fazer o que fosse necessário para alcançar seus objetivos. Mas estava preocupada enquanto seguíamos pelas ruas ensolaradas. No início, ela acompanhou minhas passadas reconhecidamente longas, mas logo estava cambaleando.

Fiquei aliviada quando ela concordou em se sentar à sombra.

— É uma ótima ideia — eu disse. — Eu deveria estar aqui para ajudá-la e não o contrário.

Há uma dinâmica interessante que se desenvolve entre mentores e pupilos. Como pupilo, quando conhece alguém cujo cérebro quer alcançar, você pode não saber muito sobre a personalidade dessa pessoa. Seu instinto lhe diz para fazer o que quer que o mentor sugira. Mas o ponto da mentoria não é servir alguém que tenha mais sucesso que você, é pedir para ele servi-lo, à sua maneira.

Sophia já tinha ido além de qualquer coisa só por aparecer de tênis. Mas ela também tinha pago pelo meu tempo do próprio bolso. Por que então ela devia se colocar em uma situação de desconforto físico só para conseguir alguns conselhos?

— Por favor — eu disse assim que nos acomodamos em um café —, me diga o que posso fazer por você.

Sophia era uma engenheira de origem coreana de trinta e poucos anos. Estava indo bem, mas queria mudar do ramo de semicondutores para o de produtos eletrônicos de consumo. Só que estava prestes a ter um bebê e queria algum tempo de licença.

— Como posso fazer isso? — perguntou ela. — É inteligente mudar de ramo no meio da carreira? Como posso avançar na minha carreira sendo mãe?

Mais uma vez, fiquei tocada. Ficou imediatamente claro para mim que Sophia tinha me procurado por pedaços específicos de conhecimento que poucas pessoas no Vale do Silício seriam capazes de lhe dar.

— São ótimas perguntas — eu disse. — Posso dizer para você o que deu certo no meu caso e o que eu faria na sua situação, mas não posso dizer com certeza que o que funcionou para mim vai funcionar para todo mundo. Você está em um ponto de grandes decisões em sua carreira. É realmente importante que trace uma estratégia e se mantenha fiel a ela.

Ao longo de uma hora, tentamos descobrir qual seria a melhor abordagem para ela. Decidimos que precisava conhecer o ramo de eletrônicos de consumo, identificar um papel para si naquele mercado e tentar se aproximar de pessoas da área, fazendo marketing de si mesma quase como se estivesse fazendo o marketing de um produto.

— Descubra o que você tem a oferecer — sugeri para ela. — E descubra o que quer que as pessoas façam por você. Simplesmente dizer que deseja entrar no ramo de eletrônicos de consumo é amplo demais. Quando conhecer pessoas, diga a elas exatamente como podem ajudá-la. Estabeleça um objetivo específico e diga para todo mundo o que precisa a fim de alcançá-lo.

Quanto ao bebê, eu tinha uma linha de raciocínio importante:

— Sophia, você vai precisar se colocar em primeiro lugar. Quando chegou aqui hoje para caminhar comigo, podia ter se esforçado demais. Eu podia não ter notado. Então, em vez de estar sentada aqui tomando água gelada, podia estar em uma ambulância.

Aconselhei Sophia a organizar seu orçamento de modo a poder ficar o máximo possível de tempo que quisesse com o bebê.

— Dê-se tempo para se recuperar — eu disse para ela. — Um bebê precisa de nove meses para crescer e vai levar um tempo para você se recuperar também. — Contei para ela sobre como tinha sido difícil voltar ao trabalho semanas depois do nascimento de Kethlyn. — Você não vai querer voltar para o escritório — comentei. — Leve o tempo que quiser.

Minha decisão, há vinte anos, fora tomada em uma época diferente, quando a licença-maternidade tinha um preço mais alto a ser pago pela mulher. Uma licença curta era parte do meu plano, mas isso não quer dizer que todo mundo deva fazer isso. A chave é desenvolver um plano que funcione para seus objetivos coletivos.

Já faz uma década desde aquele dia, e Sophia tem se saído muito bem. Ela foi trabalhar na Apple e depois se tornou chefe de produto na Nest. Agora, é gerente-geral na Microsoft. Ela recebeu várias patentes por seu trabalho, e devolve à comunidade de engenheiros por meio de serviços de conselho e outras atividades. E, algumas vezes por ano, ela e eu encontramos tempo para um jantar, um almoço ou — sim — uma caminhada.

...

Tenho recebido conselhos de mentores desde antes de entrar na faculdade — e atuo como mentora desde meus vinte e tantos anos. Sem dúvida, buscar mentoria é uma das melhores maneiras de melhorar seu progresso de carreira e suas oportunidades. Mas tem uma coisa: a maior parte das pessoas faz isso de forma errada.

No mundo dos negócios, é comum ter relacionamentos de mentoria muito formais, por meio de redes ou organizações profissionais, por exemplo, ou mesmo dentro de uma corporação, quando um funcionário de alto escalão orienta um funcionário mais jovem. A percepção é que é dessa forma que a mentoria funciona melhor: como um relacionamento formal entre duas pessoas que mal se conhecem e que se encontram de vez em quando. Esse estilo de mentoria pode ser muito útil, mas, em minha opinião, é o melhor modo de dar ou receber orientação? Nem um pouco.

Meus primeiros "mentores" foram os gerentes da IBM para quem eu podia telefonar do nada e pedir conselhos sobre vários cargos. Nunca pedi que me orientassem formalmente; apenas pedia o conselho deles em tópicos específicos e, se eles pareciam receptivos, levava algumas questões complementares. De fato, esse é meu grande segredo: durante minha carreira, raramente pedi que alguém fosse meu mentor. Eu simplesmente adotei algumas pessoas, tratando-as como mentoras sem jamais perguntar de modo formal.

Pense nisso. Você é um executivo ocupado ou um gerente de alto escalão com um trabalho estressante. Um jovem funcionário vem até você com o pedido: "Você pode ser meu mentor?". Qual é a primeira coisa que passa na sua cabeça? "Ah, não!" Seu rosto fica impassível e você se recosta na cadeira. Três palavras retumbam em sua mente: COMPROMETIMENTO DE TEMPO.

Em um momento como este, o mentor em potencial está avaliando não só seu próprio comprometimento, mas também o potencial pupilo. Essa pessoa vai aparecer nas reuniões, levar em conta seus conselhos e fechar o ciclo com você, contando como as coisas se deram?

É decepcionante dar conselhos e nunca mais saber coisa alguma da pessoa, então tem gente que hesita em aceitar esse papel.

Então, esqueça toda essa dinâmica. Minha abordagem sempre foi tornar as pessoas minhas mentoras sem um pedido formal. Parece complicado, não? Continue comigo.

Tive o primeiro vislumbre dessa estratégia ainda na IBM, quando era gerente de marketing. A empresa estava criando um sistema de mentoria especificamente para mulheres e minorias de alto potencial, e eu tive a oportunidade de escolher uma pessoa para ser meu mentor. Então, segui o caminho que era de se esperar. Escolhi Roland Harris, um gerente de filial que eu conhecia muito bem e a quem admirava. Tínhamos um bom relacionamento, e achei que ele seria um excelente mentor.

Algum tempo depois, recebi um telefonema de Roland, e ele não parecia satisfeito. Ele foi direto ao ponto.

— Você me escolheu para ser seu mentor?

Meu coração afundou.

— Bem, sim. Achei que você gostasse de mim...

Ele suspirou.

— Shellye, você já me conhece. Precisa escolher outra pessoa.

Ah. *Ah!* Uma lâmpada se acendeu. Por que eu estava pedindo formalmente que alguém fosse meu mentor quando essa pessoa já estava disposta a me dar qualquer conselho e apoio que eu pedisse? *Roland já era meu mentor.*

O valor verdadeiro do relacionamento formal de mentoria vem de alcançar alguém fora de seu círculo. Encontrar aquela pessoa que tem conhecimento, experiência e conexões para ajudá-lo a alcançar outro nível. Submeti novamente meu pedido de mentoria e coloquei o nome de alguém que não conhecia.

Mas as palavras de Roland ficaram comigo.

— Você já me conhece.

A quantas pessoas eu tenho acesso, sem pensar nelas como mentores? Esse foi o catalisador da minha estratégia: adote o máximo possível de mentores. Do meu modo de ver, se uma pessoa me desse um conselho era bom, duas pessoas me aconselhando era melhor. Os benefícios não iam parar na adição. Então, decidi que ia querer todo o conselho gratuito que pudesse encontrar.

Eis como adotei mentores durante o restante da minha carreira: eu facilitava para eles.

Primeiro, se eu soubesse de alguém que pudesse me dar um conselho, encontrava um jeito de me encontrar com essa pessoa. Só uma conversa rápida no corredor, ou enfiar a cabeça dentro de seu escritório, ou o clichê de alcançar a pessoa no elevador. Eu fazia uma única pergunta — algo muito simples, um "sim" ou "não". Algo que a pessoa pudesse responder com facilidade, esperava. Então, eu agradecia e seguia meu caminho.

Na sequência, tentava aplicar o conselho e, um pouco mais tarde, tentava encontrar a pessoa novamente, ao vivo ou por e-mail, para fechar o círculo. "Ei, só gostaria de agradecer pela dica. Tentei fazer como você disse e deu muito certo. Foi muito útil, obrigada."

Bem, agora essa pessoa estava se sentindo bem. Ela tinha sido capaz de ajudar, e foi fácil para ela — o mínimo de esforço, e olha o resultado.

Então, faria outra pergunta — um acompanhamento sobre o que fazer a seguir ou outra forma de abordagem se a primeira dica não tivesse trazido o resultado que eu desejava. "Eis o que aconteceu como resultado do seu conselho. Eis o que estou pensando em fazer a seguir. O que você acha?"

E assim por diante. Você pode ver em que isso vai dar. Funcionava de forma consistente, em particular, porque eu tinha um alto desempenho e estava subindo na hierarquia, e meus mentores escolhidos começavam a sentir que tinham contribuído para meu sucesso. O que, é claro, tinha acontecido mesmo.

Acredito que quase todo mundo realmente quer ajudar, de coração. Se você facilitar para as pessoas e garantir que elas vejam os resultados, elas se sentirão muito bem com isso. Com o tempo, meus mentores adotados se sentiam tão bem que queriam se gabar um pouco e contar para os outros como estavam ajudando. Eles podiam até dizer:

— Ah, sim, tenho atuado como mentor da Shellye.

Quanto a mim, sempre tive gratidão e respeito, e fazia questão de facilitar o máximo possível. Essa abordagem me rendeu frutos várias vezes.

Em todos os meus anos falando sobre a abordagem de adotar mentores, poucas vezes as pessoas usaram essa estratégia comigo. Uma delas foi Kris Bondi, uma executiva da área de marketing que conheci no final da década de 1990. Eu a contratei como consultora e, aparentemente, ela fez sua lição de casa comigo. Mais tarde, ela admitiu que tinha me ouvido falar sobre minha estratégia de adoção de mentores e que tinha decidido usá-la. Preciso dizer que ela foi sutil. Ela simplesmente falava sobre coisas pequenas, me mostrava suas ideias, e assim por diante. Da perspectiva do mentor, admito que funcionou perfeitamente.

Não tenho espaço para listar — muito menos para contar histórias — todas as pessoas que causaram um impacto positivo na minha vida e carreira. Mas Ken Thornton merece ser mencionado, pois foi um dos primeiros. Trabalhei temporariamente para Ken enquanto sua assistente-executiva estava de licença. Veja bem, aquela era a IBM, em que "assistentes-executivos" não estavam na área administrativa, mas na de liderança. O trabalho era oferecido para futuros executivos promissores como uma chance de acompanhar os executivos, aprender suas funções e criar uma rede profissional. Era uma oportunidade incrível.

Uma das minhas responsabilidades era ir a reuniões no lugar de Ken, em situações nas quais ele tinha dois compromissos ao mesmo tempo ou tinha algum outro conflito. Eu ficava sentada, fazia anotações e depois resumia a reunião para ele em um correio de voz. Assumi essa responsabilidade com muita seriedade e, no começo, deixava longas mensagens que tratavam de tudo o que tinha acontecido na reunião.

Depois dos primeiros dias, Ken e eu fizemos uma avaliação.

— Você está indo muito bem, Shellye — disse ele. — Estou muito satisfeito com seu desempenho. Mas esses correios de voz... São longos demais. Sabe, tenho várias mensagens para escutar, e preciso de verdade que você seja concisa. Só me dê os pontos-chave, apenas isso.

Ok, então tinha recebido um feedback e estava determinada a usá-lo. O sistema de correio de voz da IBM permitia que eu gravasse uma mensagem e a revisasse antes de mandar. O correio de voz seguinte que mandei para Ken tinha vinte segundos de duração — e precisei de meia hora para gravá-lo. Eu gravei, reproduzi, fiz alguns ajustes, gravei de novo e de novo, até que consegui deixar a mensagem o mais curta possível.

Ken nunca soube o que eu tive que fazer para deixar aquelas mensagens de voz em ordem, e não precisava que ele soubesse — isso era simplesmente o necessário para aplicar seu feedback. Em troca, aprendi uma importante lição sobre como falar com executivos, em particular os homens: de forma concisa e eficiente. Apresente seu ponto primeiro, depois compartilhe o contexto e o que sustenta o que está sendo tratado. Essa lição me serviu inúmeras vezes ao longo da minha carreira. Também acredito que não fazer isso é um dos motivos pelos quais as mulheres sentem que não são ouvidas em reuniões dominadas por homens. Quando elas definem o contexto, eles já se distraíram antes que elas cheguem ao ponto central. Compartilho isso para ilustrar que agir de acordo com bons conselhos exige dedicação e trabalho duro de sua parte. As pessoas não vão distribuir ingressos grátis ou chaves de ouro, mas você vai colher recompensas quando colocar as ideias que recebeu para trabalharem a seu favor.

Sim, se quiser aumentar suas chances de sucesso, você deve procurar mentores. Ao fazer isso, mantenha algumas metas em mente.

Primeiro, não há quase nada que você vai tentar fazer em sua vida que alguém já não tenha feito. Falo isso com o máximo respeito: você pode estar inovando, mas raramente fará algo cem por cento novo. Se quiser avançar rapidamente em sua carreira, procure pessoas que possam ajudá-lo a fazer um trabalho melhor na posição que você já tem e pessoas que possam ajudá-lo a entender como podem ser os próximos passos.

Segundo, esteja ciente de que aquilo que deu certo para alguém pode não dar certo para você. Seu ambiente pode ser diferente do ambiente do seu mentor, e os tempos mudam rapidamente. Quando olhei para todos os CEOs do mundo e vi poucas mulheres negras, não presumi que aquilo queria dizer que eu não pudesse ser uma CEO, mas que precisaria encontrar uma rota única para chegar lá. No fim, receber conselhos é ótimo, mas você precisa filtrá-los com base na sua própria realidade.

Então, veja quem está disponível para você, descubra o que quer aprender com essas pessoas, vá atrás desse conhecimento e trabalhe para aplicá-lo do seu jeito. Depois, faça com que esses mentores saibam o quanto ajudaram você.

36. Construa sua rede de contatos

As pesquisas mostram repetidas vezes que aqueles que fazem network — ou seja, criam redes de contatos — se saem melhor em suas carreiras (17). Minhas próprias redes foram parte importante da minha estratégia de sucesso, começando com minha família. Um aviso: minha família é unida. Sei que nem toda família funciona assim, mas cresci cercada de irmãos, primos, tios e avós. Nós nos reuníamos em todos os feriados e, quando alguém tinha um problema, sempre tinha uma pessoa querida para quem telefonar. Isso continuou dessa forma por toda minha vida, e afetou todos os relacionamentos que tive — desde meu casamento e filhos até meus amigos.

Acho que aprendi a confiar nos outros — a confiar que não estamos andando sozinhos neste mundo e que as pessoas em geral têm as melhores intenções no coração.

Mesmo se sua família não for sua principal fonte de apoio, você não está sozinho. Cada um de nós tem as próprias redes: seja na escola, no trabalho, em grupos da comunidade ou em cursos on-line. Mesmo assim, nem todos pedimos ajuda para nossas comunidades quando precisamos. Isso me confunde. Confie em mim: se você é ambicioso, se está definindo objetivos e quer ir atrás deles, haverá momentos em que ficará feliz em ter um pouco de ajuda.

Embora minha família constitua o núcleo da minha rede de apoio, comecei a aumentar essa rede por meio das organizações estudantis na Wharton School, continuei na IBM e estendi minha compreensão de rede quando era presidente da Blockbuster.com. Eu estava em um avião com o CMO da Blockbuster, Jim Notarnicola, quando ele fez uma pergunta que me surpreendeu:

— Shellye, com quem você costuma trocar ideias?

Sorri e desfilei uma lista de nomes.

— Não, não — ele me interrompeu. — Não estou falando de pessoas da Blockbuster. Com quem de fora da empresa você conversa?

— Ah. — Olhei para ele levemente estupefata. — Vou ser honesta. Nunca pensei em falar com pessoas de fora da empresa.

Naquela época, fazia menos de um ano que estava fora da IBM. A IBM é uma corporação imensa, então, no passado, sempre que precisava de algum conselho, eu conseguia encontrar um colega para me dar respostas. Mas a Blockbuster era muito menor, e ali eu estava no nível mais alto; o número de pessoas que poderia consultar era bem limitado.

— Sempre tive pessoas de fora da empresa como conselheiros — disse Jim. Ele compartilhou comigo alguns nomes de sua lista: as pessoas muito respeitadas em suas áreas, mas ninguém que eu teria considerado para pedir um conselho. — Escute, Shellye, isso fez toda a diferença para mim — me garantiu Jim. — Você precisa de pessoas em quem possa confiar, que lhe deem uma perspectiva de fora quando necessário.

Levei isso a sério, e comecei a procurar mentores externos imediatamente. Quando deixei a Blockbuster e me mudei para o Vale do Silício, conheci um dos maiores: Bill Campbell, um ícone do Vale do Silício antes de falecer. Bill fora presidente de Intuit, executivo e diretor de conselho na Apple e CEO da Claris (entre outros cargos). Para minha sorte, ele estava no conselho da Loudcloud quando me tornei CMO. Então, como costumo fazer, eu o adotei como meu mentor. Nunca pedi, só usei minha estratégia de sempre. Mas, francamente, acho que nós adotamos um ao outro. Nós nos encontrávamos uma vez a cada trimestre e, com o tempo, ele me ajudou a conseguir minha posição como CEO ao me apresentar para Vinod Khosla.

Depois que me tornei CEO, decidi levar as coisas ainda mais longe e me juntei à Watermark. É uma organização especificamente para mulheres que deixaram sua marca em Bay Area — CEO e executivas de alto escalão, em grande parte. Entrar em uma sala cheia de mulheres executivas sêniores era ao mesmo tempo revigorante e inspirador. Nas minhas operações do dia a dia, meu caminho não se cruzava com muitas mulheres sêniores no Vale do Silício. Mesmo assim, ali estavam elas. As conversas revelavam nossas experiências comuns e empatia uma pela outra. A camaradagem era viciante. Se pensarmos bem, as chances de alguém se tornar CEO eram minúsculas. Para ter uma perspectiva, basta somar todas as pessoas que podem trabalhar em uma empresa durante o mandato de um único CEO. Então, pense no número de mulheres que realmente chegam à diretoria. Uma vez que se alcança esse nível, fica um pouco solitário. Assim como Jim Notarnicola disse, ter pares para conversar fazia toda a diferença.

Uma vez que me envolvi com organizações de lideranças, não quis parar mais. Acabei atuando no conselho da Watermark por mais de uma década e, sob o guarda-chuva da Watermark, também criei meu próprio grupo de mulheres CEO. Eu tinha sentido falta de ter pares para conversar. Precisava de um grupo com o qual pudesse "baixar a guarda" e no qual um membro pudesse apoiar o outro. Esse grupo de CEO foi o que consultei quando precisei mudar a estrutura de capital da Zaplet. Nunca tinha feito isso antes e não queria pedir ajuda para meu conselho de diretores; eles eram meus chefes. Também eram eles quem celebrariam a conclusão dessa fusão-chave.

Uma vez gregária, sempre gregária, imagino. Meu envolvimento com organizações não terminou aí. Também me juntei ao grupo C200 (também conhecido como Comitê dos 200), exclusivo para mulheres que administravam negócios em grande escala. Além disso, me envolvi com o Fórum de Gestão Sênior de Tecnologia da Informação, especialmente dedicado a construir uma linha direta entre executivos de TI afro-americanos. E me juntei ao Grupo de Liderança do Vale do Silício, uma organização de políticas públicas focada na melhora da saúde econômica e da qualidade de vida no Vale do Silício. E estes não foram todos os grupos dos quais participei na vida — participei, por exemplo, do conselho da Girls Inc., ainda em Dallas —, mas essas organizações do Vale do Silício foram uma experiência especial para mim, provavelmente devido ao fato de eu ser CEO quando comecei a fazer parte delas. Eu não só estava em posição para desenvolver relacionamentos e conseguir contatos, mas também tinha poder para ajudar e retribuir aos demais.

O que me leva ao próximo ponto: você precisa construir sua rede o tempo todo, não só quando quer alguma coisa. De fato, faça com que a maioria de suas interações seja para proporcionar ajuda ou valor para os demais. Dê mais do que você recebe; não só é a coisa mais generosa a se fazer, mas também coloca você em uma posição de poder em vez de fraqueza. Isso é especialmente importante para pessoas que possam se ver como marginalizadas ou com falta de oportunidades e privilégios. Estabeleça-se em termos do que você tem a oferecer em vez do que pode precisar. Fazer isso vai afetar seu próprio senso de autoestima e vai afetar a impressão que você causa nos demais.

Falando em causar impressões, hoje a maioria das pessoas faz seu network on-line. Mas, ao construir suas redes, eu o encorajo a não subestimar a importância das conexões presenciais. Encontrar alguém cara a cara é uma experiência inteiramente diferente e muito mais memorável. Não quer dizer que você não possa construir conexões on-line poderosas, mas há algo em passar um tempo com uma pessoa em todas as três dimensões de uma só vez que cimenta o relacionamento de maneira mais sólida. Mantenha essa prática viva. Encontre a organização profissional na sua região e vá às reuniões, participe das conferências se possível, apareça nos eventos sociais. Quanto mais as pessoas recorrem às comunicações digitais, sua capacidade de socializar pessoalmente pode se tornar uma vantagem. Sem mencionar que essas organizações profissionais são excelentes lugares para conhecer consultores com os quais você pode falar e oferecer o valor que você tem para compartilhar.

Quando jovem, mesmo com meus laços familiares estreitos, havia momentos em que eu me sentia sozinha em meu caminho ambicioso.

Conforme cresci, minhas comunidades pessoais e profissionais se tornaram partes imensas da minha vida, me recordando que, mesmo quando "sou a única na sala", não estou sozinha. Agora tenho acesso a redes nacionais de colegas e amigos, incluindo alguns líderes incríveis que são mulheres e minorias. Esses grupos me fortaleceram e me inspiraram vezes demais para contar. Melhor ainda, eles me deram oportunidades de ser mentora de jovens profissionais. Fico em êxtase ao ver a geração jovem, talentosa e diversificada subindo nas hierarquias. Quero o mesmo para você.

Você não precisa estar sozinho em seu caminho. Comece a construir suas redes. Ofereça o que puder e peça para as pessoas o ajudarem. As pessoas certas ficarão felizes por você fazer isso.

37. Encontre a correnteza

"Shellye, como você fez isso? Como chegou onde está hoje?" Perdi as contas do número de vezes que me fizeram essas perguntas. Se eu tivesse que resumir minha resposta em uma frase, seria esta: encontrei a correnteza e pulei nela.

Já falei que as instituições são poder organizado. A fim de subir na hierarquia de uma empresa, de uma organização ou mesmo de uma indústria, você precisa entender como o poder flui naquele lugar. Então, aos dezesseis anos de idade, quando decidi que queria me tornar CEO e perguntei "Como vou fazer isso?", o que estava fazendo, na verdade, era procurando a correnteza. Como o poder flui para a posição que quero alcançar algum dia?

Claro que não estava pensando em termos de poder institucional naquela idade. Mas entender a dinâmica de poder era uma habilidade que tinha desenvolvido ainda criança, como questão de sobrevivência. Quando é a única garota negra deixada em uma sala de aula toda branca durante uma época marcada racialmente, você aprende rapidamente como ler o ambiente. Instintivamente, sabia que não podia confiar em todo mundo.

Eu sabia que nada era exatamente como parecia ser. Para me proteger, me tornei uma observadora atenta. Observava as pessoas para descobrir o que estava acontecendo de verdade, não só o que elas diziam que estava acontecendo.

No início, foi como me protegi, mas essa habilidade também se tornou um meio de me impulsionar na direção dos meus objetivos.

Quando decidi me tornar CEO da IBM, procurei pela corrente que fluía pela corporação e identifiquei o caminho com maior probabilidade de seguir até o alto escalão: vendas. O primeiro passo que dei quando saí da faculdade não fazia sentido para muitos dos meus colegas, porque não tinha o prestígio esperado a um formado em Wharton. Mas, segundo minha avaliação, fazia todo o sentido: na IBM, as pessoas que conseguiram a posição que eu queria tinham começado em vendas. Não estou dizendo que era o único jeito de chegar onde queria, mas, quando você é ambiciosa e quer se mover rapidamente, precisa pular na correnteza que já está em movimento. Então, pulei em vendas.

A propósito, deixe-me dedicar um momento para defender a ideia de começar em vendas. Até hoje, digo para as pessoas que não importa o que você quer fazer na vida, o melhor primeiro emprego é em vendas. O melhor emprego. Por quê? Em vendas você aprende a perguntar o que quer e do que precisa. Você aprende a ser resiliente. Você aprende que um "não" não é o fim do mundo; só significa "agora não". Você aprende a negociar. Aprende a ouvir. Aprende a desenvolver relacionamentos. De fato, o ato de vender é o ato de encontrar a correnteza. Quando entra em uma sala para tentar uma venda, você lê o ambiente para encontrar o poder, percebendo a quem as pessoas se submetem, identificando os tomadores de decisão, compreendendo onde você precisa concentrar sua atenção, observando a linguagem corporal para saber quando você atraiu a atenção das pessoas e quando a perdeu, ajustando-se para fluir com a correnteza. Você aprende a avaliar os problemas das pessoas e a se tornar a pessoa que pode resolvê-los. Todas essas qualidades e habilidades vão ser muito úteis enquanto progride em sua carreira.

De todo modo, voltemos à IBM. Segui aquela correnteza até alguns lugares inesperados — como o Japão — e, quando ficou claro que ela não me levaria até a posição de CEO, comecei a procurar outra correnteza. Naquela época, o poder fluía em direção à internet e, depois de uma breve parada em Dallas, segui para o Vale do Silício. Assim como um rio encontra seu caminho por uma rocha, quando meu fluxo era bloqueado, encontrava um jeito de desviar do obstáculo. Quando a bolha pontocom estourou e eu suspeitei que não encontraria entrada para uma posição de CEO em uma empresa de grande porte, fui por um caminho distinto. Encontrei a correnteza que deu certo para mim.

No fim, quando se trata de alcançar seus objetivos, a habilidade real é a de localizar a correnteza mais forte — em uma organização, em uma indústria, mesmo em uma economia em geral — e então se posicionar para que ela o impulsione adiante. Deixe para trás as oportunidades que o levarão para a margem e aproveite as oportunidades que o moverão na direção de seus objetivos.

38. Corra riscos

Não tem outro jeito: a vulnerabilidade é um efeito colateral inevitável da ambição. Perseguir sua carreira e seus objetivos de vida envolve correr riscos. Quando pede o conselho de um mentor, você se faz vulnerável. O mesmo acontece quando tenta algo novo, quando vai atrás de algo que realmente quer, mesmo quando se apaixona — você se abre para o risco. Se evitar correr riscos, você vai limitar suas oportunidades. Mas, no processo de se arriscar, você pode transformar esses riscos em recompensas. Risco e recompensa: os dois lados da mesma moeda. Então, como desenvolver a confiança para lançar essa moeda?

Como você leu anteriormente, dei alguns saltos bem arriscados em minha carreira. Quando olho para o ecossistema que tornou possível essa tomada de risco, vejo alguns elementos essenciais.

Primeiro, tenho apoio, tanto em casa quanto profissionalmente. Com Scotty como meu torcedor número um, e o restante da minha família me cercando, quando entrava em novas situações, sabia que teria todo o apoio emocional necessário. Mais ainda, como tinha construído uma rede de mentores e colegas, sabia que tinha um bom número de conselheiros para quem me voltar se e quando eu precisasse de ajuda. Além disso, sabia que pediria apoio quando precisasse. (Para que serve uma rede de apoio se você não vai correr o risco de pedir ajuda?)

Segundo, desenvolvi confiança nas minhas próprias habilidades. Quanto mais riscos assume, mais familiarizado você se torna com o processo. Conforme constrói um histórico de recolher as recompensas, você desenvolve confiança em suas capacidades e julgamento. Mesmo se acumular uma justa parcela de erros, está desenvolvendo resiliência — aprendendo as lições e seguindo em frente. Claro, quando assumo riscos, sei que posso falhar, mas também sei que não vou falhar tanto assim. Não só construí um ecossistema que apoia o ato de correr riscos, mas já falhei antes, e posso confiar que serei capaz de me erguer novamente.

Terceiro, analiso o medo versus o fato. Quando as pessoas me perguntam se fico nervosa com o risco que estou correndo, digo: "Claro, tenho preocupações, mas suavizo meus medos com fatos". Antes de tomar uma decisão, aprendo o máximo que puder sobre minha nova oportunidade e então coloco esses fatos lado a lado com meus medos. Eu pergunto: "Qual é o valor real desta oportunidade? Quais são as recompensas potenciais?". E então questiono: "Qual é o pior cenário que poderia acontecer?". Uma vez que identifiquei os piores cenários, pergunto a mim mesma: "Posso viver com isso?". Se a resposta for "sim", assumo o risco. Conheço várias pessoas que deixaram passar oportunidades, oferecendo alguns motivos plausíveis, mas em muitos casos suspeito que, na verdade, foi o medo que as fez recuar. Não posso deixar de me perguntar o que poderia acontecer se elas aprendessem a amenizar seus medos com fatos.

Por fim, quando ouvimos falar dos riscos que outras pessoas correram, torna-se mais fácil pensar em assumirmos riscos também. Então, por uma questão de inspiração, deixe-me compartilhar algumas histórias com você.

...

Em meados dos anos 2000, fui contatada por um homem chamado Kevin Clark, um afro-americano formado em Wharton que tinha trabalhado na IBM. Kevin e eu tínhamos falado algumas vezes ao longo dos anos, em uma relação de mentoria solta.

Daquela vez, ele me ligou porque estava encrencado e precisava de um conselho. Seu ambiente de trabalho tinha se tornado tóxico e ele estava pensando em largar o emprego, mas trabalhava na empresa há menos de dois anos e estava preocupado com o que poderia acontecer quando ele se candidatasse a novas vagas de empregos.

— Kevin, pelo que você me diz, seu problema não é com uma pessoa. É com a cultura — eu disse. — A cultura da empresa não é aquela na qual você quer trabalhar e, como funcionário, tem que escolher o que quer fazer a respeito.

Ele pigarreou.

— Ah, então o que você faria?

— Ok, eu normalmente digo para as pessoas não largarem um emprego antes de terem outro engatilhado. Mas, Kevin, acho que você precisa ir embora já, antes que fique pior. Essas coisas costumam fazer as pessoas afundarem junto com o navio.

— Ok. — Então, Kevin perguntou: — Você não acha que tem algum jeito de consertar as coisas por lá?

— Acho que você precisa se concentrar em mudar as coisas que pode controlar e não nas que não pode. Segundo sua história, estou entendendo que seus chefes já mostraram para você que não estão interessados em suas tentativas para melhorar as coisas. Então, o que está no seu poder para mudar?

Sabendo que era um risco imenso para Kevin pular sem uma rede de segurança, eu o orientei a dar o salto. Ele me disse que ele e a esposa tinham algumas economias. Sabia que ele era inteligente, capaz e motivado, e sabia que ia ganhar mais assumindo aquele risco — e se fazendo vulnerável — do que ganharia se ficasse em uma situação perigosamente insalubre.

Kevin seguiu meu conselho. Foi assustador, e ele levou um tempo para encontrar um novo trabalho, mas, assim que isso aconteceu, avançou rapidamente na carreira. Agora, ele administra as operações de marketing do consumidor no Facebook. O risco o libertou mental e profissionalmente para realizar coisas muito maiores, em seus próprios termos.

Um pouco antes de começar no Facebook, em 2017, Kevin me ligou novamente. Era uma mudança grande para ele e, agora, já um adulto na casa dos quarenta anos, ele queria conversar sobre como trabalhar com os funcionários mais jovens, a elite da tecnologia do Facebook.

— Preciso apresentar algumas iniciativas-chave para toda a equipe na minha primeira semana — disse ele. — Quero causar uma boa primeira impressão e quero impressionar meus chefes. O que devo fazer?

Sorri. Isso lembrava tanto minha primeira apresentação no Japão — entrar em uma sala cheia de gente com uma bagagem cultural distinta, querendo atender às suas necessidades, causar uma impressão positiva e estabelecer um bom relacionamento com eles.

— Você precisa de uma mensagem que ressoe neles. Você sabe, o propósito é a chave para os *millennials*. Não fale apenas sobre as iniciativas, fale por que elas são importantes — expliquei. — Eu tentaria uma abordagem de como servi-los. Não pense em como parecer bem, pense em tornar o trabalho de todo mundo mais fácil. Trabalhe ajudando as pessoas. Faça com que, depois de trinta dias, eles se perguntem como conseguiram sobreviver sem você.

Foi exatamente o que Kevin fez, e fiquei feliz em saber que tinha dado certo. Aquele pequeno conselho foi o que eu recebi anos antes, de um executivo chamado Curt Gadsden. Curt me adotou quando consegui meu primeiro posto em tempo integral como assistente-executiva, trabalhando para David Thomas, que administrava a América do Norte para a IBM. Eu estava só a um passo do nível de executivo, e Curt, que também era afro-americano, se interessou especialmente por mim por ser mulher e minoria na trilha executiva. Ele marcou uma reunião para explicar que queria que eu tivesse sucesso.

— Você é uma assistente-executiva agora — disse ele. — Isso quer dizer que seu trabalho é fazer seu chefe se sair bem. Outros assistentes-executivos estão tentando se sair bem, se você realmente quer se destacar, vai fazê-lo se perguntar como ele conseguia trabalhar sem você.

Entendido. Sabia como fazer isso. Mas Curt tinha mais a oferecer:

— Depois disso — prosseguiu ele —, quero que pense sobre como você pode ser uma boa parceira para todas as pessoas que se reportam diretamente para seu chefe. Pense nisso: é muito provável que seu próximo cargo seja trabalhando para uma dessas pessoas. Elas ficam de olho em todos do seu nível e, quando chegar a hora de fazer uma contratação, vão procurar alguém que seja indispensável, um membro valioso da equipe.

Aquele foi um momento iluminador para mim, e tenho tentado manter essa mentalidade de ajudar aos demais em cada trabalho que tive desde então. Sempre valeu a pena. De fato, Robin Stenbergh, que me contratou para meu primeiro cargo executivo, trabalhava para David Thomas. Agora, aquele conselho estava ajudando Kevin.

...

Um pouco antes de escrever este livro, almocei com uma executiva que me contou que estava pensando em deixar a empresa atual pela diferença de salário entre ela e os colegas homens.

— Eles sabem que você quer ser mais bem paga? — perguntei. Eu estava pensando na minha própria experiência na IBM, anos atrás, com o gestor que não sabia que estava disposta a me mudar de cidade para conseguir uma promoção.

— Claro que sabem — garantiu ela. — Toco neste assunto todo ano, na minha avaliação.

— Mas e quanto ao restante do ano?

— Bem, não. Esse assunto não aparece.

— Escute, você precisa perguntar o quanto você vale — eu disse para ela. — Na avaliação de final de ano, todo mundo com quem os gestores falam está pedindo mais dinheiro. É um pedido padrão e é provável que não tenham entendido como isso é importante para você. Precisa chamar a atenção deles. Deixe-me fazer uma pergunta: se fosse mais bem paga, gostaria de ficar?

— Sim, acho que gostaria — disse ela.

— Então, não desista; tente falar novamente sobre seu salário.

Esse conselho soa muito verdadeiro para muitos de nós que carregam mochilas um pouco mais pesadas. Depois de uma vida sendo questionados a demonstrar nosso valor e tendo que jogar segundo regras restritas a fim de ter sucesso, começamos a acreditar que ser passado para trás é um sinal de que nossas habilidades e capacidades não são valorizadas. Às vezes, isso é verdade, e você precisa procurar oportunidades em outro lugar. Mas às vezes você não consegue o que quer simplesmente porque ainda não pediu para a pessoa certa. Como vai saber se não perguntar? Compartilhar seus sonhos e objetivos não é fácil. Isso pode torná-lo vulnerável a comentários e críticas, mas você precisa ser audacioso e ir em frente. Pelo menos, vai saber o que está disponível para você, para que possa planejar os próximos passos.

...

Falando em audácia, há vários anos, minha afilhada Crystal me contou qual era seu plano de carreira: ela queria ter sua própria creche. Ela já tinha trabalhado como professora e tinha feito um MBA. Então, a aconselhei a conseguir um emprego em uma creche para aprender como o negócio funcionava. Ela foi se candidatar a empregos na área. Mas, alguns meses depois, ainda não tinha sido contratada.

— Qual é o problema? — perguntei.

— Bem, eu pensei que, como já tinha sido professora, não queria um trabalho em sala de aula; queria ser contratada como assistente de direção. Mas não fui chamada para nenhuma entrevista. Acha que devo voltar a ser professora? Isso vai me ajudar a ser contratada?

— Não acho. Para mim, parece que você já está pronta, pelo menos, para ser assistente de direção — comentei.

— Bem... E se, em vez disso, eu cadastrar a minha candidatura à diretora?

Algum tempo depois, Crystal conseguiu um emprego como diretora, e fiquei muito orgulhosa. Acontece que, com experiência como diretora e um MBA, as pessoas achavam que ela era qualificada demais para o papel de assistente de direção.

Essa é uma diferença significativa que observei entre mulheres e homens: a maioria das mulheres não vai atrás de um emprego a menos que tenha certeza de ter o conhecimento, as habilidades e a experiência requisitadas; os homens vão em frente e tentam mesmo assim. Então, ver minha afilhada aceitar as rejeições e, em vez de acreditar que era subqualificada e baixar um nível, testar as águas em um nível acima... Bem, isso foi afirmativo e inspirador. Pode parecer arriscado, mas é perfeitamente aceitável trazer suas habilidades essenciais e experiência relevantes para a mesa e, então, aprender o restante das atividades no trabalho.

...

Sara Madsen Miller era amiga de uma antiga amiga que nos apresentou simplesmente porque ela achava que eu podia dar alguns conselhos para Sara. Nós nos encontramos para um café e, desde então, ao longo dos anos, ela de vez em quando entra em contato com algumas perguntas específicas.

Sara está focada em construir sua premiada empresa de produção criativa e me perguntou sobre aumentar sua influência fora de seu território natal, Dallas. Ela queria ser mais conhecida, conseguir conexões regionais e nacionais, além de participar do conselho de uma ou duas empresas.

— Então, como eu posso conseguir tudo isso se nunca fiz nada assim? — perguntou ela. — Como melhorar sua reputação em círculos nos quais você não tem reputação alguma?

— É difícil — respondi. — Você precisa elevar seu perfil, para que as pessoas a vejam não no nível em que está agora, mas no nível em que quer estar.

Aconselhei Sara a pensar de forma aspiracional — a fingir até que se torne verdade e a correr riscos calculados. Primeiro, ela desenvolveu seu perfil no LinkedIn para focar em seu trabalho fora de Dallas; depois começou a publicar e a conseguir alguma cobertura de imprensa na região. Por fim, disse para ela continuar expandindo seu próprio negócio, para poder mostrar os resultados para empresas que procuravam membros para seus conselhos. Como resultado, ela agora é membro do Cotton Bowl Classic e está trabalhando para conseguir assento em mais um conselho.

E por que não? Na maioria das vezes, o risco precede o sucesso — a ousadia de dizer o que você quer, a vulnerabilidade de pedir o que precisa para chegar lá e a audácia de insistir quando se tem uma chance.

Qual é a pior coisa que pode acontecer se você tentar?

Você pode viver com isso?

Deixe-me acrescentar mais uma questão aqui: você pode viver com as consequências de não correr o risco? Vejo isso com muita frequência — pessoas que permanecem em situações insustentáveis porque têm medo de ir embora. Mulheres e minorias em particular podem enfrentar muito preconceito e discriminação no mercado de trabalho, mas não temos que aceitar isso. Podemos assumir riscos calculados e superar isso.

Há pouco tempo, meu genro me contou sobre uma mulher que ele conhecia e que trabalhava no governo. Ela sabia que estava recebendo cinquenta por cento menos que seus colegas homens trabalhando na mesma posição. Quando ela confrontou o chefe, ele lhe disse:

— Você é mulher e seus filhos são maiores de idade, então acho que está sendo paga justamente.

Embora essa história tenha me indignado, ela não me surpreende muito. O que me surpreendeu foi a resposta da mulher: ela não pediu demissão. Continuou no emprego. E não é a única. Em março de 2019, o *Financial Times* relatou que a UBS, uma empresa suíça de empréstimos, tem o histórico de punir mulheres que saem de licença-maternidade: "Mais de uma dúzia de mulheres da unidade de gestão de fortunas Suíça reclamou sobre o tratamento recebido quando tiraram licença para terem seus filhos que, em muitos casos, resultou em um corte de trinta por cento ou mais em seus bônus". Repito que esse tipo de notícia não é muito surpreendente, mas esta parte é: as mulheres continuaram na empresa. Por que isso?

Se seu objetivo é juntar forças com seus colegas e lutar por mudanças, talvez seja um motivo para ficar. Mas se o medo está mantendo você preso em um local de trabalho com uma dinâmica injusta ou insalubre, peço que considere o que pode significar fazer uma mudança. Lembra? Risco e recompensa: a mesma moeda.

Não digo isso levianamente. Sei como é perceber que a discriminação e o preconceito estão bloqueando seu progresso, suas oportunidades e seu potencial de ganhos. Quando reconheci o que estava reservado para mim na IBM, já tinha passado toda minha carreira lá desde o Ensino Médio — de cabeça baixa, avançando, determinada a servir bem a empresa e conquistar meu caminho em direção aos altos escalões. Quando meu progresso foi bloqueado, fiz aquela pergunta assustadora: "Eu vou realmente embora?". Entendi como a IBM funcionava — como as pessoas eram promovidas, como os cargos eram conquistados. Tinha desenvolvido minha reputação profissional ali. Minha rede toda era baseada ali. Muitos de meus amigos trabalhavam ali. Deixar a nave-mãe seria um negócio e tanto. Mas os limites eram claros: não alcançaria meus objetivos profissionais na IBM. Eu me sentia como um filhote de pássaro sendo empurrado do ninho pela mamãe. Sabia que tinha que partir, então me preparei para pular.

Assim que aceitei que iria deixar a IBM, a questão mudou para "Para onde vou?". Eu precisava descobrir qual seria o próximo emprego certo para me conduzir em direção ao meu objetivo de carreira. E precisava sustentar minha família enquanto fazia transição, porque eu era a única provedora do lar. Claro que sentia o peso daquela decisão, mas também me sentia animada por poder explorar outras oportunidades. E é isso que eu quero que você lembre: você é capaz, você é talentoso, você é habilidoso e você merece toda chance de ter sucesso. Se algo estiver no caminho de sua compensação ou de suas oportunidades, o encorajo a correr o risco e voar até a próxima grande parada.

39. Planejamento de vida para iniciantes

Você vai viver para sempre.

Bem, talvez não para sempre, mas se está na casa dos vinte anos agora e leva uma vida saudável e com propósito, é provável que viva mais setenta ou noventa anos (18). A partir de agora. O profissional médio americano não tem mais 25 ou trinta anos para deixar uma marca no mundo. Você pode ter uma carreira de mais de cinquenta anos ou um casamento de setenta. Pense nisso só por um minuto.

Em outras palavras — e estou muito feliz por lhe dizer isso —, você não precisa decidir toda sua vida neste instante. Tem mais tempo para experimentar coisas, para cometer erros, para aprender. Nem precisa criar um plano de vida tão agressivo quanto o que eu fiz para mim mesma quando adolescente. Tenho um casamento feliz e tive filhos muito nova — isso funcionou para mim. Estou feliz por ter começado minha carreira logo — aquela era minha paixão. Mas você pode ter suas próprias paixões e objetivos; pode seguir seu próprio cronograma. Honre isso. Tudo o que precisa agora é escolher uma direção — algo que queira alcançar — e começar a se mover para lá.

Mesmo se um planejamento meticuloso não estiver na sua natureza, quero que tente algo por mim, um pequeno *Planejamento de vida 101* sem sentir culpa. Este capítulo contém uma versão condensada dos meus melhores conselhos para criar um plano de vida, começando na época em que você se forma na faculdade. São as anotações iniciais para este livro, e espero que as use pelo resto da vida.

Então, faça-me este favor, e sejamos estratégicos.

Planejamento de vida: o quadro geral

Quer esteja escolhendo o curso que pretende fazer na graduação, esteja se formando ou querendo criar uma mudança de direção, há cinco áreas principais nas quais você pode querer fazer algum planejamento antecipado. Em quais dessas áreas vai se concentrar, depende de você; dá para selecionar apenas aquelas que se aplicarem ao seu caso ou fazer planos para todas as cinco. São elas:

- Conseguir o primeiro emprego
- Casamento ou outro tipo de relacionamento
- Planejamento de carreira
- Ter filhos
- Planos de vida de longo prazo

Escolha suas categorias e se prepare para personalizar seu plano.

Conseguir o primeiro emprego

Vamos começar com seu primeiro passo no mercado de trabalho. Onde quer começar a trabalhar? Como quer chegar lá?

Que emprego?

Quando se trata de encontrar aquele primeiro emprego de verdade, encontre um ramo, uma função ou papel, uma localização e uma empresa que sirva para seus objetivos.

Quando considerar o ramo no qual pretende entrar, procure algo em crescimento. Uma área em expansão vai ter mais empregos, mais oportunidades e mais chances para você avançar. Por outro lado, será mais difícil entrar em um ramo que está encolhendo ou estagnado, mais difícil permanecer empregado e muito mais difícil avançar.

Observação: esse é o ponto em que aquele não conselho, "siga seus sonhos", se torna problemático. Muitos sonham em fazer belas artes ou música, por exemplo. Mas encontrar trabalho e, mais ainda, avançar nesses ramos, pode ser muito desafiador. Se você escolher seguir essa direção, para se sustentar, é provável que seu desempenho tenha que estar entre os dez por cento dos melhores profissionais da área. Ou você pode encontrar um trabalho em um ramo que esteja em crescimento, em que os empregos mais bem pagos estão disponíveis, e perseguir sua paixão no seu tempo livre.

Se você não se importa muito com o ramo no qual vai entrar, leve em consideração a função que gostaria de desempenhar. Vamos dizer que você quer trabalhar na área de marketing. Se entrar no mercado de bens de consumo embalados, por exemplo, encontrará mais trabalho na área de marketing, porque isso é grande parte do negócio. O ramo de serviços financeiros tem pessoal de marketing também, mas não é um papel central. Escolha um ramo no qual você terá um papel central, em vez de desempenhar uma função de apoio. Se não tem certeza do papel que quer desempenhar, é um bom momento de conversar com pessoas cujos trabalhos parecem interessantes e perguntar como é a atuação delas, como é o ramo em que estão e que conselho podem dar a você. Isso pode ajudá-lo a identificar as funções que soam mais promissoras para o que você deseja.

A localização pode ser um fator importante para algumas pessoas; para outras mal importa. Isso importa para você? Se sim, pense nos setores e funções por meio de uma lente geográfica também. Que setores têm longevidade na sua região-alvo e que funções estão mais maduras para crescimento? Se você vive e quer permanecer em Wyoming, por exemplo, provavelmente não vai querer seguir na indústria farmacêutica. Em vez disso, pode procurar algo na área de mineração ou mercado imobiliário.

Se a localização não importa, então você deve pensar em sua disposição de mudar: onde, quando e com que frequência. Se escolher trabalhar para uma grande empresa nacional ou multinacional, você pode estar olhando para uma vida inteira de mudanças. Você é flexível em relação ao lugar do seu trabalho? Ou prefere ir morar em uma área — como o Vale do Silício para tecnologia, Nova York para finanças ou Houston para óleo e gás — onde terá muitas oportunidades para avançar em um ramo sem mudanças frequentes?

Assim que decidir o ramo, a função e a localização, se torna mais fácil identificar as **empresas** nas quais você pode ter interesse em trabalhar. Faça uma triagem de cada empresa e descubra aquelas que combinam com seus valores. Do ponto de vista da cultura, onde é possível você se encaixar e aprender? É para esse lugar que você deseja direcionar sua busca de emprego.

Como conseguir o emprego

Só isso poderia ser um livro, mas aqui estão os principais pontos: use suas redes disponíveis, procure em classificados de empregos e seja voluntário.

Quer você perceba ou não, você tem uma rede e acessa a rede de outras pessoas. Uma rede simplesmente é o conjunto das pessoas que conhece. Podem ser vizinhos, amigos, parentes, pessoas que frequentam sua igreja, pessoas com quem você pratica atividade física ou que participam dos seus hobbies. Sua rede é formada por seus amigos e parentes também. Além disso, você pode perguntar para as pessoas da sua rede se elas têm conhecidos nas redes delas que possam ajudá-lo. É assim que você acessa as redes deles.

Para usar suas redes disponíveis, descubra se alguém da sua rede conhece alguma pessoa nas empresas nas quais você está interessado. Se é recém-formado, sua rede naturalmente se centrará em sua faculdade. Fale com professores, conselheiros ou ex-alunos com quem desenvolveu relacionamentos. Aproveite o centro de carreira da sua faculdade. Depois, olhe para outras redes importantes: a da sua família e dos seus amigos. Converse com seus parentes; será que eles conhecem alguém que pode ajudá-lo? E quanto aos seus amigos? E os pais dos seus amigos? Mesmo se nunca pensou muito em construir uma rede, você tem uma mesmo assim. Agora, conte para todo mundo o que quer fazer e como eles podem ajudá-lo.

Quando falar com alguém de sua rede, pergunte se essa pessoa tem algum conselho ou conhece alguém no ramo, na função ou na empresa que você quer atuar. Esta pergunta em particular é chave, e é uma que já me serviu muito ao longo de minha carreira: "Você conhece alguém com quem seria bom eu conversar?". Ao fazer essa pergunta, você está alavancando não só sua própria rede, mas as redes do seu contato. A maioria das pessoas quer ser útil e, em especial, ter bons relacionamentos. Então, quando você perguntar, as pessoas realmente vão pensar a respeito. Existem boas chances de que você seja apresentado a alguém. E então você repete o processo.

Seu próximo passo é procurar oportunidades disponíveis em classificados de empregos. Agora, em geral, simplesmente se candidatar a vagas que você encontra on-line não vai trazer resultados significativos. Em vez disso, use os quadros de empregos para identificar as oportunidades que deseja e, então, acione sua rede para conseguir uma recomendação ou uma apresentação, para que seu currículo fique no topo da pilha.

Por fim, você pode ser voluntário até que a oportunidade certa se torne disponível. Ser voluntário no lugar em que se quer construir uma carreira lhe dá experiência e conexões que, eventualmente, serão as ferramentas que você usará para conseguir o emprego que deseja. Claro, você pode não conseguir ser voluntário diretamente na empresa em que quer trabalhar, mas pode atuar naquele espaço. Por exemplo, se quiser trabalhar no marketing de uma indústria farmacêutica, é provável que não encontre postos de voluntário em nenhum departamento de marketing de uma empresa, mas pode encontrar oportunidades na área de marketing em outro lugar, como em uma organização sem fins lucrativos. Lá, você pode ganhar experiência e construir um portfólio, além de ter algo para mostrar para empregadores em potencial.

Sei que poucas pessoas podem se dar ao luxo de ter uma ação voluntária em tempo integral. Então, se você não consegue encontrar o emprego ideal, tente um emprego o mais próximo possível da função, do ramo ou do local que deseja. Use seu primeiro emprego como um trampolim e tente ser voluntário no tempo livre. Em geral, é mais fácil encontrar um emprego quando você já tem um.

Como ter sucesso no primeiro emprego

Agora que conseguiu o emprego, você quer se sair bem nele. Lembre-se, não importa o quão ambicioso seja, você vai avançar mais rapidamente na carreira se estiver focado no trabalho que tem e conquistar uma reputação de eficiência. Então, desenvolva seu desempenho, trabalhe em sua reputação e, acima de tudo, faça a lição de casa para saber como ter sucesso em seu cargo atual.

De fato, fazer sua lição de casa é seu primeiro objetivo. Descubra como tornar o trabalho do seu chefe mais fácil. Quando estiver com a mentalidade de ajudar — descobrindo como apoiar sua equipe e seu chefe —, depois de alguns meses eles não vão saber como conseguiam se virar sem você. Além disso, converse com as pessoas que estiveram no seu cargo antes de você. Lembre-se: não importa o trabalho que esteja fazendo, é quase certo que alguém já fez a mesma coisa ou algo parecido antes. Então, encontre essa pessoa e peça conselhos sobre como fazer bem seu trabalho.

Desenvolver seu desempenho vai ajudá-lo no trabalho e lhe dará habilidades que você pode levar para cargos futuros. Crie planos para trinta dias, noventa dias e 180 dias, com objetivos mensuráveis. Pergunte ao seu chefe sobre objetivos e métricas específicas que ele espera que você alcance, e sempre lute para alcançá-los ou superá-los. Lembre-se: quanto melhor se sair no trabalho que tem, mais oportunidades terá para avançar.

Por fim, trabalhe em sua reputação. É um de seus maiores ativos. Começa com forte desempenho e em compartilhar seu sucesso de um jeito eficaz. As pessoas não vão saber o que você fez, a menos que conte para elas. Eu lhe darei um exemplo: como CEO, gosto de verificar meus funcionários, como quem não quer nada, sempre que passo pelas áreas de trabalho. Só um "oi" casual, um "como está você". Alguns funcionários dizem "oi" e me contam sobre seu dia, suas atividades e até seus problemas. Mas um punhado de pessoas se destaca, porque me dão um relatório rápido de suas realizações recentes. "Tudo bem, Shellye! Acabamos de resolver uma questão desafiadora com o cliente XYZ!" Isso é memorável, não leva tempo algum e me dá uma sensação positiva sobre a dedicação da pessoa. Você é seu melhor advogado, então advogue a seu favor e a favor de sua equipe.

Além de compartilhar seu sucesso, é importante ser parte da equipe. Saiba mais sobre as pessoas com quem você trabalha — suas forças e fraquezas, do que elas gostam e desgostam. Como criar uma boa dinâmica de equipe? Mesmo se não está gerenciando ninguém, ainda assim você pode aprender os estilos de trabalho das pessoas ao seu redor e tentar ajudar a alavancar as pessoas certas para as tarefas certas, para que todos possam alcançar os objetivos enquanto equipe. Essa é uma habilidade que vai desenvolver agora e continuar a usar durante toda sua carreira.

Casamento ou outro tipo de relacionamento

Embora o casamento e outros tipos de relacionamento tenham mudado ao longo do tempo, acredito que a maioria das pessoas ainda espera passar a vida em parceria com alguém. Se este é um objetivo em potencial para você, recomendo que pense com cuidado sobre o tipo de pessoa com quem quer se comprometer.

Entenda "o pacote" que vai funcionar para você

Isso também poderia dar origem a um livro inteiro, mas, para nossos propósitos aqui, vou dizer o seguinte: quando estiver pensando sobre o tipo de pessoa com quem gostaria de se comprometer, comece conhecendo a si mesmo. Cada um de nós vem com um pacote: forças, fraquezas, emoções, personalidades, bagagem. Somos quem somos. Qual é o pacote com o qual você já está trabalhando? Que tipo de parceiro pode complementá-lo?

Pense primeiro sobre características complementares, as coisas que você gostaria de ter em comum com seu parceiro. Scotty e eu, por exemplo, gostamos de pessoas. Gostamos de ter uma vida social e de sermos parte da nossa vizinhança e da comunidade. Quais são algumas das coisas que você gosta em você e que gostaria de compartilhar com um parceiro? Que tipo de experiências e atividades você gostaria de compartilhar?

Depois pense nas características de apoio. Há áreas nas quais você pode precisar de um pouco de ajuda de vez em quando. Por exemplo, apesar de toda a confiança que demonstro ter, a síndrome do impostor tem sido uma força constante na minha vida, em especial na minha juventude. Pratiquei o "finja até conseguir" por muito tempo. Então, sabia que eu queria que meu parceiro de vida fosse alguém que pudesse ser meu torcedor, para me dizer que eu estava indo bem em momentos de insegurança, para me ajudar a celebrar os sucessos. Em quais áreas da sua vida você poderia ter um pouco de ajuda externa?

Isso diz respeito à personalidade também. Por exemplo, se é introvertido, você gostaria de estar com alguém que o faz sair da concha? Ou prefere encontrar um parceiro que lhe dê espaço? O parceiro certo para você não precisa ser alguém que desafia cada uma de suas qualidades únicas. Algumas partes de sua personalidade são integrais de quem você é, e o parceiro certo ficará confortável com isso.

Você pode ter preferências sobre as habilidades de seu parceiro também. Para mim, eu não ia me casar com alguém que não soubesse cozinhar e limpar a casa, porque não queria fazer tudo sozinha. Você pode querer um parceiro que conserte as coisas em casa, que equilibre o orçamento ou que tenha outras habilidades.

Por fim, mas não menos importante, considere o alinhamento entre os planos futuros. Como você imagina sua vida no futuro distante? Se estiver considerando se comprometer com uma única pessoa por muitos anos, você provavelmente quer partilhar uma visão de futuro similar. Muitos casais se separam durante os grandes desafios da vida: logo depois de ter filhos, quando as crianças vão para a faculdade ou na aposentadoria. Por quê? Acredito que seja porque eles chegaram a uma bifurcação na estrada e têm ideias diferentes sobre que caminho devem tomar. Pode ser uma decepção de partir o coração. Se for trilhar um longo caminho com seu parceiro, garanta que vocês concordem em qual direção pretendem seguir.

Olhando para todas essas peças do pacote, pense em priorizá-las. Quais dessas áreas são mais importantes? Não é provável que você encontre um parceiro que preencha todas as características dos seus sonhos. Então, o que você realmente quer? Além disso, considere com que defeitos consegue conviver, porque ninguém é perfeito.

Fiquem alinhados sobre como o relacionamento vai funcionar
Quais são suas expectativas para a vida que vão levar? Seu parceiro compartilha das mesmas expectativas? O que você quer da vida e que conversas precisa ter a fim de fazer isso acontecer? Algo grande para mim era a possibilidade de Scotty ficar em casa com as crianças. Era importante para mim, e tive que colocar isso na mesa antes da decisão de nos casar. Quais são suas expectativas? E não estou falando só das grandes. Precisa ser mais específico do que isso.

Acredito que é muito importante conversar sobre a essência de como seu relacionamento vai funcionar. Lembre-se, a vida é a acumulação de pequenos momentos, dia após dia. Pense sobre como você quer que sua casa funcione. Por exemplo, as tarefas básicas. Quem vai lavar a roupa? Quem vai fazer o jantar? Quem paga as contas, quem limpa a casa? São coisas básicas, mas é importante falar sobre isso antes de embarcar em uma vida com alguém que pode ter expectativas muito diferentes da sua. Se nunca discutiu com ninguém sobre quem lava a louça, tenha essa conversa com seu parceiro.

E, é claro, vocês devem falar sobre dinheiro. A dinâmica do relacionamento em relação ao dinheiro certamente está mudando, e isso significa que vocês não podem presumir nada sobre como serão as finanças do casal. Vocês podem ter contas conjuntas ou não; podem fazer um orçamento de despesas proporcional aos ganhos de cada um ou cada um pode "possuir" determinadas despesas. É importante que os dois estejam na mesma página.

Além disso, acredito que é importante discutir decisões de carreira — não só quais são as aspirações de carreira individuais, e não só seus planos, mas também como vão tomar decisões relativas à carreira quando essas decisões impactarem a vida do casal. Por exemplo, minha carreira envolveu várias mudanças e, em determinado ponto, Scotty e eu começamos a priorizar meu trabalho em detrimento do dele. Tínhamos conversado sobre esses momentos — e até feito planos — muito antes de alcançarmos qualquer ponto de decisão, então estávamos prontos para fazer as transições quando o momento chegou.

Assim como carreira e finanças, as expectativas de um casal sobre compromissos familiares podem variar imensamente. Isso pode criar muito estresse em um relacionamento. Pense nisso: onde vocês vão passar os feriados? O que vão fazer quando um membro da família precisar de ajuda financeira ou de cuidados? Na minha vida, a família sempre foi uma presença muito grande, incluindo a família estendida. Isso representa muitas visitas, muitas situações nas quais esperam que eu apareça (e eu quero aparecer). Outras famílias são menores, mais nucleares ou mais distantes. Converse sobre como vocês querem participar da própria família e da família do outro. Descubra o que funciona para ambos.

Por fim, é claro, vocês vão conversar sobre ter filhos. Você e seu parceiro querem filhos? Quando? Quantos? Certamente, a maioria das pessoas pensa em filhos antes de entrar em um relacionamento, mesmo assim, muitos casais se separam depois de cinco ou dez anos por causa de discordâncias sobre ter filhos ou porque têm visões diferentes da vida que querem ter com as crianças.

Falando em separações, converse sobre como vão lidar com os conflitos. Estabeleçam expectativas para quando discordâncias inevitáveis surgirem. Converse com seu parceiro sobre como lidar com situações difíceis. Você precisa de espaço para pensar? Prefere se engajar em uma conversa até encontrar uma solução? Encontrem um padrão que sirva para ambos. Isso permitirá lidar com as dificuldades enquanto minimiza explosões.

Claro, essas conversas sobre dinâmica de relacionamento, planos futuros, expectativas e objetivos leva um tempo. Mas acredito que seja útil considerar essas questões por conta própria, fora do relacionamento, e novamente se está pensando em se comprometer com alguém no longo prazo. Se acredita que pode ter encontrado um companheiro, você tem todo o direito de começar a falar sobre como será um futuro juntos. É excitante conversar sobre construir uma vida. Aproveite. Se não for agradável, encorajo você a refletir sobre isso.

Planejamento de carreira

De volta ao nosso caminho profissional. Assim que conseguir o primeiro emprego e começar a ficar confortável nele, você está pronto para olhar para seus objetivos de carreira de longo prazo. Como já falei, embora eu pudesse escrever outro livro apenas sobre como gerenciar sua carreira, isso realmente se resume a um método simples e prático.

Crie e valide seu plano

A criação do seu plano começa estabelecendo objetivos com prazos. Por exemplo: eu queria ser CEO. Para fazer isso, precisava seguir pela via rápida. Na IBM, isso significava que devia me tornar gerente de uma filial ou de uma unidade de negócio lá pelos trinta anos. Seu objetivo não precisa parecer com o meu, mas você precisa considerar como quer que sua vida seja na próxima década, na meia-idade e além. O que você gostaria de realizar? Quais são suas expectativas em relação a padrão de vida? Visualize-se no futuro, escreva o que acha que quer realizar e quando.

Validar seus objetivos é o próximo passo importante. Você pode realmente alcançar as coisas que imaginou? Seus prazos são viáveis? Sou totalmente a favor de objetivos ambiciosos, agressivos e desafiadores. Eles só precisam ser realistas. Se decidisse que meu objetivo era ser astronauta até os trinta anos, isso não teria sido realista. Eu não tinha estudado ciências, teria que voltar para a faculdade e nunca poderia fazer tudo isso para ganhar experiência de trabalho exigida até os trinta. Portanto, procure pessoas que têm alguma experiência nas áreas do seu interesse, pergunte para elas se seus planos parecem razoáveis e faça os ajustes necessários.

Em seguida, trabalhe de trás para frente para conseguir objetivos e prazos menores. Por exemplo, sabendo que queria ser CEO, imaginei que precisava ser executiva lá pelos trinta anos, para seguir no caminho que queria. Portanto, precisava ser gerente sênior aos trinta. Apresente alguns objetivos intermediários e, novamente, valide-os com a vida real — isso realmente pode acontecer?

Não se esqueça de levar em consideração outras coisas importantes, como se dar tempo para a família, para o autodesenvolvimento e para férias ocasionais.

Assim que traçar os marcos que pretende atravessar, é só uma questão (não tão simples) de executar o plano — um processo que vai levar anos, senão décadas. Esteja preparado para fazer ajustes no caminho. Lembre-se, a vida nunca acontece exatamente como planejamos. Flexibilidade e resiliência são chaves, mas, se de algum modo você está seguindo em direção ao objetivo, então está se saindo bem.

Construa e alavanque sua rede

Eu já disse isso: a primeira coisa que você precisa fazer assim que definir seus objetivos de carreira é compartilhar esses objetivos. Conte para seu chefe, para o chefe do seu chefe, para seus colegas de trabalho, seus conselheiros... Absolutamente para todo mundo. É arriscado falar abertamente sobre nossas ambições, porque isso o torna vulnerável — mas, como sempre pergunto a mim mesma, o que é o pior que pode acontecer? Você consegue viver com isso? Consegue viver com o que vai acontecer se não compartilhar seus objetivos? Como as pessoas podem apoiar seu sucesso se elas não sabem o que você quer?

Assim que estiver trabalhando, ou mesmo antes, pode começar a adotar mentores. Use meu método: não faça pedidos formais; em vez disso, faça perguntas simples, de "sim" ou "não", para pessoas com as quais gostaria de aprender e, então, conte para elas qual foi o resultado. Quando fica fácil para as pessoas darem conselhos, você torna a dinâmica de mentoria menos intimidante para os dois.

Ao aplicar seus conselhos e dar um retorno depois, você vai ganhar a atenção e o respeito dessas pessoas e, quando tiver sucesso como resultado de sua mentoria, elas também ficarão orgulhosas de você. Não se esqueça de procurar conselheiros e mentores em seu próprio nível e em várias áreas de sua vida. Quase todo mundo que você conhecer terá algo que possa ensiná-lo. E você tem algo para oferecer aos demais, então não se esqueça de sempre retribuir.

Desenvolver e nutrir suas redes é um processo que leva a vida inteira. Integre isso ao seu estilo de vida. Quanto mais pessoas conhecer, mais desafiador será manter suas conexões vivas e vibrantes; mesmo assim, quanto mais pessoas conhecer, mais vibrante e interessante sua vida pode ficar. Para Scotty e para mim, ficar em contato com nossas redes é um modo de vida. Eu criei um encontro aqui em Bay Area que reúne pessoas regularmente para compartilhar a cozinha gourmet amadora — assim combinamos hobby e networking. Algumas vezes por ano, Scotty e eu vamos ao balé ou a um espetáculo, mas, em vez de sairmos apenas nós dois, convidamos um grande grupo de amigos. Estou falando de algo em torno de cinquenta pessoas. Isso transforma uma saída em um evento e nos dá a oportunidade de manter contato com pessoas que valorizamos, além de aprofundar nossas conexões e nossa rede por meio de experiências compartilhadas. Mesmo que as pessoas não possam ir ao evento, elas sabem que você pensou nelas, então o convite sempre mantém a relação viva.

Enquanto planeja e executa seus objetivos de carreira, as pessoas são sua arma secreta. Você não está caminhando sozinho por este mundo, e não consigo destacar isso o suficiente: as pessoas querem ajudá-lo a ter sucesso. Compartilhe suas ambições e experiências com os demais, e vai colher as recompensas.

Ter filhos

Em algum momento, você pode querer começar sua família. Se seguiu meus conselhos até aqui, certamente discutiu isso com seu parceiro e, se é solteiro, já pensou em como quer que a paternidade ou a maternidade solo funcione. À medida que a ideia de ter uma família fica mais perto de se tornar uma realidade, eis mais algumas questões nas quais você deve pensar.

Antes de ter filhos

Uma das primeiras considerações — depois de pensar sobre quantos filhos você quer e quando quer tê-los — é o custo do cuidado infantil. Isso vai ser diferente para cada família, mas se está entre a maioria dos pais, você vai ter que considerar despesas de cuidado infantil.

Decida que tipo de cuidado com os filhos você acha que vai precisar e descubra quanto isso custa. Depois, crie a flexibilidade financeira que lhe permita pagar por isso, apertando seu orçamento em outro lugar. Para Scotty e para mim, o cuidado com nossos filhos foi o primeiro gasto que consideramos em nosso orçamento e, depois, arranjamos todo o resto ao redor disso — casa, carros, diversão e assim por diante. Saber que seus filhos estão sendo bem cuidados em sua ausência é nossa principal prioridade.

Acredito que a maioria dos pais passa muito tempo pensando no que querem para os filhos em termos de valores, educação e experiências de vida. Longe de mim dizer para você como fazer isso; é um processo individual. Vou dizer o que funcionou bem para minha família: Scotty e eu determinamos antes que as crianças nascessem que queríamos que elas fossem autossuficientes, confiantes e carinhosas. Cada decisão como pais foi baseada no encorajamento desses valores. Da mesma forma, sabíamos que queríamos que nossos filhos tivessem uma educação segura. Adotamos a estratégia dos meus pais de nos mudarmos para os melhores distritos escolares que pudéssemos, para que nossos filhos tivessem as melhores oportunidades disponíveis. E, é claro, economizamos para que nossos dois filhos pudessem ir para a faculdade. Quanto às experiências, em algum momento, queríamos que eles tivessem um dos pais em casa, participando da vida deles, e estávamos dispostos a fazer as trocas necessárias para que isso acontecesse. Também queríamos que Kheaton e Kethlyn se envolvessem na comunidade e aprendessem a trabalhar em equipe por meio de esportes e outras atividades. Eu podia continuar falando, mas você já entendeu. Você vai estabelecer suas próprias prioridades, e sugiro que faça isso o quanto antes — antes mesmo de as crianças chegarem em sua vida. Suas prioridades vão servir como uma força guia para futuras decisões.

Assim que tiver os filhos

Assim que nos tornamos pais ou mães, a vida se transforma em uma série de escolhas e decisões, muitas baseadas no curto prazo. A esta altura, acredito que você saberá o que quer e como alcançar isso, e já terá embarcado nesta grande aventura. Para os propósitos deste livro, manterei meu conselho simples.

Já discutimos a importância de pedir ajuda quando precisamos. Além da creche ou da babá e, se você tiver um parceiro, do suporte de seu parceiro, isso pode significar pedir ajuda de parentes ou amigos ou buscar ajuda extra de sua igreja ou de grupos de apoio. Precisa de alguém para olhar seu filho enquanto você se concentra no trabalho em um sábado? Peça ajuda para um parente ou amigo com filho, e se ofereça para retribuir. Pense adiante sempre que possível e lembre-se de pedir exatamente o que você precisa. Se disser para as pessoas de que modo específico elas podem ajudá-lo, em geral, elas ficarão felizes em fazer isso, especialmente quando você oferece algo em troca periodicamente. (Ninguém, nem amigos nem família, quer se sentir usado.)

Para pessoas ocupadas como você e eu, lembre-se de que estar presente também é importante. Isso era mais fácil para Scotty e para mim; quando nossos filhos eram pequenos, os smartphones não existiam, e o incentivo para estar "sempre ligado" era diferente. Seja criativo ao estabelecer limites em relação ao seu tempo com a família. Planeje com antecedência como você encorajará todos a se conectarem em bases de algum modo regular e, em particular, planeje como vai manter pessoalmente sua parte do acordo. Ser capaz de estar presente para sua família é um presente e uma bênção para todos.

Por outro lado, tenha certeza de criar tempo para você. Precisamos disso e, não importa o quanto esteja ocupado, você pode achar um jeito de fazer isso funcionar. Desde o início, estabeleça um tempo para você como prioridade e, se tiver um parceiro, encontre um jeito de trabalhar com ele para que isso dê certo. Por exemplo, se adora dormir um pouco a mais aos fins de semana, veja se seu parceiro concorda em preparar o café da manhã aos sábados. Seu parceiro pode pedir em troca que você cuide do jantar ou fique um pouco com as crianças para ele fazer outra coisa. Se for pai ou mãe solo, procure outras pessoas que possam cuidar de seus filhos por uma noite, e retribua o favor. Muitas academias de ginástica oferecem um espaço para as crianças enquanto você se exercita ou faz uma aula. Quando seus filhos alcançarem certa idade, você pode estabelecer um tempo para todos — um tempo que cada um passa sozinho, ainda que todos estejam na mesma casa. Quanto mais incorporar essa prática, mais saudável será para todo mundo.

Planos de vida de longo prazo

A vida é realmente o que acontece enquanto você está fazendo outros planos. Acredito que o jeito de conseguir o máximo da vida é praticar a integração entre o trabalho e a vida pessoal — não o equilíbrio, mas uma abordagem holística que o ajude a viver plenamente todos os dias.

No início da minha carreira, na década de 1980, as mulheres profissionais eram encorajadas a agirem como homens. Eu usava ternos com gravatas-borboleta de seda e fazia todo o possível para esconder o fato de que era, na verdade, uma mulher com uma família. Era exaustivo, em especial porque seres humanos simplesmente não funcionam assim. Não somos robôs que ativam determinadas funções em determinados horários. Caminhamos pelo mundo como seres plenos, todo o tempo.

Então, como praticamos a integração entre o trabalho e a vida pessoal? Cada um de nós inventa sua própria fórmula. Por exemplo, até o dia de hoje, se estou no trabalho e meus filhos ligam, atendo o telefone se puder. Se não puder e for urgente, eles sabem que vou atender se ligarem de novo. Da mesma forma, sempre integrei minha vida de casada e minha vida profissional. De fato, nos primeiros tempos na MetricStream, quando não havia dinheiro e eu queria dar uma festa para os funcionários, Scotty aparecia para cuidar da churrasqueira, aproveitando para conhecer todo mundo no processo.

Em outras áreas importantes da minha vida, integrava reuniões e caminhadas, fazendo um pouco de exercício enquanto conversava com alguém. Scotty e eu integrávamos nossos hobbies, nossa socialização e nossa filantropia organizando um leitão assado anual em benefício do Cypress Mandela Training Center, levantando mais de cem mil dólares por evento.

O ponto é: descubra o que o faz se sentir feliz, inteiro e realizado e, então, projete sua vida para integrar as atividades que fazem bem para você.

Em vez de uma balança para ser equilibrada, penso na vida como uma banqueta de três pernas. As três pernas são família, trabalho e comunidade. Elas trabalham juntas e fortalecem umas às outras. Se uma perna fica bamba, as outras duas o mantêm no lugar.

Criar um plano de vida integrado significa exatamente isso: seu plano de vida deve honrar todas essas partes de você. Eu acredito firmemente que, se estiver disposto a fazer o trabalho, você pode ter tudo o que quer — mas não tudo ao mesmo tempo. Quando penso na minha vida em fases, vejo que a jovem mãe Shellye não viajava muito nem ia a restaurantes chiques, mas tinha uma carreira de sucesso e uma família saudável. Agora que meus filhos deixaram o ninho, gosto de viajar com Scotty, ter novas experiências e ampliar minha carreira. É assim que um plano de vida funciona: tem espaço para tudo, só que não tudo de uma vez.

Você pode começar a projetar sua vida pensando nos valores com base nos quais quer viver. Você é voltado para a comunidade e os serviços? Para a família? É criativo? É aventureiro? Focado no conforto? Quer deixar um legado? Identifique valores-chave que possam guiá-lo na direção de certos objetivos.

Assim que escolher as experiências ou realizações que quer perseguir, pergunte a si mesmo: "Quais são as ações principais que preciso realizar para conseguir isso?". Como você pode fazer todas as áreas de sua vida trabalharem juntas, de forma holística? Isso exige um pouco de solução criativa para os problemas, mas você pode fazer isso. Toda vida é única, e a sua será uma aventura desenhada por si mesmo.

...

Então, aí estão meus melhores conselhos para sua melhor vida. Acima de tudo, lembre-se disso: o sucesso não é um objetivo a ser alcançado, mas um processo contínuo. Celebre suas realizações, não importa o quão pequenas sejam. Quando alcançar seus objetivos, estabeleça objetivos novos. Se não conseguir alcançar um objetivo, não se culpe; aprenda suas lições, mude seu plano e siga em frente. Se estiver seguindo em direção às suas aspirações, todo dia é um sucesso. Nunca se esqueça disso.

Epílogo

Terminei de escrever este livro no final de 2018, um ano depois de encerrar minha gestão na MetricStream. De uma pequena *startup* chamada Zaplet, ao longo de quatorze anos, a empresa floresceu e superou até mesmo minhas expectativas. Nós nos tornamos líderes em nosso espaço. Era hora de alguém novo assumir as rédeas, para que eu começasse o que chamo agora de fase 2 da minha carreira.

Você não vai se surpreender em saber que eu planejei esta mudança com antecedência, ainda quando era CMO na NorthPoint, e estava chegando aos quarenta anos de idade. Contudo, isso era diferente do planejamento da minha juventude — minha linha do tempo estrita para casamento, maternidade e marcos na carreira. O plano que fiz para a fase 2 incluía muita flexibilidade. Em vez de me dar inteiramente a uma empresa, queria assumir papéis de consultoria como membro de conselhos, consultora, escritora e palestrante. Isso me daria versatilidade e dinheiro para viajar pelo mundo e desfrutar minha família — duas paixões que Scotty e eu compartilhamos. Lancei as bases para iniciar a fase 2 aos cinquenta anos, mas achava que continuaria trabalhando na fase 1 até os sessenta, talvez 65 anos. Novamente, meu plano era flexível até neste ponto. Deixei espaço para que o inesperado acontecesse, e ele aconteceu.

Quando o médico de Scotty percebeu algo diferente em um exame de sangue de rotina, ele nos encorajou a não nos preocuparmos muito a respeito. Ele nos explicou que a MGUS, ou gamopatia monoclonal de significado indeterminado, em geral, não causa problemas, mas em certa porcentagem das vezes evolui para o câncer, e para o que não pode ser curado. Ele sugeriu que continuássemos observando, mas nos assegurou que o risco era pequeno. Scotty era forte como um touro — em grande forma, exercitando-se na academia, a imagem da saúde —, então seguimos em frente com confiança.

Três anos mais tarde, Scotty ainda era a mesma pessoa robusta e aparentemente saudável de sempre quando recebeu o diagnóstico: câncer de sangue incurável. Expectativa de vida: cinco anos a partir do início do tratamento. Podia ser menos. Podia ser mais.

Essa notícia nos pegou de surpresa, mas, como sempre fizemos com tudo, Scotty e eu conversamos a respeito. Como a que está sempre tentando colocar as coisas em perspectiva, eu disse:

— Você sabe, todos nós estamos morrendo. Só que sabemos agora que sua hora pode chegar mais cedo do que pensávamos. Vamos fazer tudo o que pudermos para lutar e administrar isso.

Foi quando eu disse para Scotty e nossos filhos:

— Isso é, na verdade, uma bênção para nós. Como vocês sabem, acredito que sempre há uma dádiva, mas às vezes você precisa olhar bem para conseguir encontrá-la. Nossa bênção é que vamos viver uma vida muito melhor. Porque vamos viver o agora, e a maioria das pessoas não faz isso. Vamos fazer as coisas que sempre quisemos fazer. E vamos fazê-las agora.

Embora eu achasse que estávamos aproveitando a vida enquanto subia na carreira, não estávamos completos. Eu acumulava dias de férias, por exemplo, esperando o momento certo de tirá-los. Postergava viagens e experiências para "quando fosse a hora certa".

A primeira coisa que fizemos? Uma viagem de três semanas para a África. Podíamos ter esperado — até termos mais tempo, até que nossos filhos tivessem mais dias de férias. Mas viajar e visitar família e amigos se tornou nossa prioridade. Naquela época, ainda estava na posição de CEO e comecei a tirar todas as minhas férias. Decidimos que íamos viver a vida primeiro, lutar contra o câncer depois.

Então, nos sete anos seguintes, nos concentramos em viver a vida, enquanto eu continuava trabalhando na MetricStream. Administramos minha carreira e o tratamento de Scotty com muito apoio da família e dos amigos. De fato, em um determinado ponto, achei que precisaria deixar meu papel de CEO. Pensei que Scotty estivesse morrendo. Ele teve uma reação ruim à quimioterapia. Não conseguia comer, não conseguia andar. Perdeu mais de vinte quilos. Foi horrível. Quando ele finalmente estabilizou, seu sistema imunológico estava comprometido, então ele não podia comer nada que não tivesse sido preparado em casa. Foi quando falei para Scotty:

— Acho que preciso deixar meu emprego.

Ali estava ele, deitado na cama, pele e ossos, e sua resposta foi:

— Se você sair do emprego, isso significa que vamos viver a vida voltada para o câncer, e, então, por que diabos estou lutando?

Ok, pensei, *então não posso deixar o emprego. Como vou fazer isso?*

Quando as pessoas recebem um diagnóstico com potencial para mudar sua vida, em geral, elas não contam para ninguém. Mas como conseguir a ajuda de que você precisa se não disse para o universo do que precisa? Procurei amigos e família e, do fim de novembro até abril, tivemos membros da família ficando conosco. Eu tinha um calendário cheio de nomes de pessoas que podiam vir para nossa casa e passar o tempo que fosse necessário conosco, levando e trazendo Scotty das consultas médicas. Além disso, amigos organizaram um calendário alimentar. As pessoas se comprometiam a levar as refeições. Lembre-se de que essas refeições tinham que ser feitas em casa, e muitos dos que se voluntariaram eram pessoas ocupadas: CEOs e coisas assim. Eles sabiam que não podiam simplesmente comprar pronto. Mesmo assim, se comprometeram e levavam as refeições, não durante uma semana, mas durante quatro meses e meio. Gratidão nem começa a descrever como nos sentimos ao receber tal gentileza.

Scotty teve seus altos e baixos desde então, mas, na primavera de 2017, soubemos que ele estava no estágio final do câncer. No final das contas, a empresa estava em uma base sólida após fechar uma rodada de capital de investimento. Era hora de dizer adeus para a Fase 1 e começar a fase 2 da minha carreira. Hora de encontrar meu substituto como CEO e começar a escrever este livro. E, como tínhamos planejado isso, com flexibilidade, estávamos prontos para executar nosso plano. Na Fase 2, além dos meus objetivos de carreira, meu novo objetivo pessoal é não ter arrependimentos.

Não muito tempo atrás, Scotty e eu viajamos para casa para comemorar o aniversário de 105 anos da minha avó, em um restaurante em Atlanta. Cento e cinco, dá para acreditar? Cinco gerações da minha família estiveram presentes. Meus pais estavam ali. Minha mãe enfrenta alguns problemas de saúde agora, mas é uma lutadora e não deixa nada atrapalhar. Meu pai continua tão charmoso quanto sempre, ainda que não brinque mais de luta com os filhos.

Olhando ao redor da mesa do jantar, não pude deixar de pensar em como chegamos longe — as gerações presentes na festa, os ancestrais que vieram antes de nós, aqueles cujos nomes aparecem em nossa Bíblia de família belamente encadernada e no manuscrito de alforria amarelado que libertou meus ancestrais da escravidão.

Todos os meus irmãos conseguiram vagas em universidades da Ivy League. Lindy é professora na Business School na Universidade da Flórida. Niki é diretora sênior de recursos humanos na Mars, a empresa de doce. Meu irmão, Arch, que o mundo conhece como Lester III, é diretor de jogadores na NFL Players Association.

...

Scotty e eu temos muito orgulho de nossos filhos. Depois de causar impacto nas organizações sem fins lucrativos de serviços para a juventude, Kheaton fundou o Juggernaut Services, em Nova York, cidade onde mora com sua noiva. Enquanto isso, Kethlyn está deixando sua marca na Capgemini, enquanto cria meus três netos com seu marido.

Nem somos capazes de imaginar aonde essa geração mais jovem vai nos levar.

Minha avó se divertiu muito na festa de aniversário. Eu telefonei para ela depois, e ela ficava me dizendo:

— Não tenho como agradecer a Deus o suficiente por me permitir viver tanto tempo para ver todos os meus filhos tão bem.

Para minha avó, somos todos seus filhos, mesmo os netos mais jovens. Claro que somos.

Tanta coisa mudou ao longo da vida da minha avó. As lutas que ela enfrentou para nos fazer chegar onde estamos hoje — algumas dessas lutas, eu jamais saberei. Ela sempre acreditou em nós e, com essa crença e muito trabalho duro, todos nós começamos a jornada que nos levou até realizações maravilhosas que podiam parecer completamente impossíveis para uma mulher negra no início do século vinte. Minha avó e minha mãe, Mera, não deixaram que isso as impedisse. Elas nos incentivaram a fazer sempre o nosso melhor, não importa o quê.

Quando penso no legado que minha mãe e minha avó criaram, começo a pensar no meu próprio legado. O que quero deixar? É tão simples que parece banal: quero inspirar as gerações futuras e causar um impacto positivo no mundo. Enquanto houver pessoas lá fora que precisem de encorajamento para seguir em frente, para serem resilientes e para alcançarem seus objetivos, quero apoiá-las. Este é o trabalho que quero continuar fazendo, motivar as pessoas a ultrapassarem barreiras, incluindo aquelas que estão em nossa mente, e alcançar coisas ainda melhores. Quero ver mais sucesso e mais felicidade na vida das mulheres, das minorias, e de todos que se empenhem em encontrar essas coisas. Quero dar às pessoas as ferramentas e a inspiração para alcançar o impossível e agarrá-lo.

Recentemente, depois de falar sobre mulheres e liderança em uma conferência nacional, eu estava saindo rapidamente do local quando ouvi um som de saltos, tap, tap, batendo no piso atrás de mim. Virei para olhar e vi uma mulher vindo em minha direção, quase sem fôlego.

— Acabei de ouvir sua fala e tenho que dizer que é uma honra escutar suas perspectivas. Sua voz é tão poderosa e muito relevante no mundo dos negócios. Obrigada pela ousadia e coragem de falar o que é real nos negócios para as mulheres e para os negros. A maioria das pessoas dá voltas no assunto, e você não. Suas palavras impactaram minha vida!

Depois de agradecer à mulher pelo feedback, peguei um táxi e liguei para Scotty para avisar que ia chegar em casa cedo o bastante para fazer o jantar — algo que gosto de fazer e que hoje em dia tenho tempo. Quando desliguei, um sorriso profundo e satisfeito emergiu lentamente. Acomodei-me no assento e olhei contente a bela tarde de primavera pela janela. Nesse instante, tudo parece que está ganhando vida. As árvores parecem estar explodindo com brotos novos. A luz é filtrada pelos galhos em arbustos inundados em tons suaves rosas, brancos e alaranjados. Conforme o tráfego se move e as pessoas desaparecem no cenário, reflito por um momento na fase 2. É exatamente onde precisava estar. Troquei um cargo de CEO "sempre ativa" por um portfólio de assentos em conselhos e papéis de consultoria. Tenho flexibilidade pela primeira vez em mais de 35 anos — tempo para compartilhar o que vivenciei e aprendi, tempo para falar, tempo para escrever, tempo para passar com meu marido e família.

Minhas reflexões são interrompidas por uma onda de sons emanando do meu iPhone — uma chamada de FaceTime dos meus três netos.

— Mimi! Mimi! Onde você está? — gritam eles, sua saudação normal.

Respondo:

— Estou indo para casa...

Dedicatória

A música está tocando, competindo com o zumbido alto das vozes animadas dos convidados do casamento conversando durante o jantar. Os arredores são lindos. Estamos em Buckhead Estate, em Atlanta, Georgia. É um casamento formal, e todo mundo está vestido com smokings, ternos e vestidos, iluminados por velas cintilantes que projetam sombras nas paredes e arcos da mansão restaurada do século dezenove.

Minhas emoções estão a mil enquanto tento comer e conversar com a família dos sogros do meu sobrinho. Meu sobrinho mais velho acaba de dizer seus votos. É uma celebração maravilhosa, alegre e, mesmo assim, sinto ondas de tristeza indo e vindo. E então acontece. No fundo, ouço a voz de Marvin Gaye cantando: "*Baby, I'm hot just like an oven* [...] *I need some lovin'* [...]. *And when I get that feeling, I want sexual healing* [...]". Minha garganta fica apertada, minha respiração acelera, sinto as lágrimas no fundo dos olhos. Tenho que sair dali. Não posso perder o controle na mesa. Levanto os olhos e vejo meu filho, Kheaton, do outro lado do salão, olhando direto para mim. Ele faz um aceno triste com a cabeça, bem de leve. Controlando as lágrimas e tentando respirar fundo, me levanto e corro para o banheiro o mais rápido que meu vestido comprido e meu salto de dez centímetros permitem. Sinto minha filha, Kethlyn, antes mesmo de vê-la. Ela consegue me alcançar, coloca o braço ao redor dos meus ombros e me ajuda a ir para o banheiro, antes que eu a abrace, soluçando.

É 7 de setembro, quase quatro meses desde que Scotty sucumbiu ao câncer, no dia 17 de maio. *Sexual healing*, de Marvin Gaye, era nossa música. Foi lançada em 1982, no ano em que nos conhecemos. Ainda me lembro de Scotty me ligando animado em meu dormitório.

Era depois da meia-noite, e eu estava dormindo. Ao ouvir minha resposta, ainda grogue, ele disse com urgência:

— Escute!

— O que foi? Qual é o problema? — respondi, ficando imediatamente alerta e preocupada.

— Escute a música! — insiste ele.

Uma música? O que é isso? É meio da semana; tenho aulas e trabalho no dia seguinte.

— Apenas escute, essa precisa ser nossa música — diz ele com ternura. E então eu escuto.

E, de fato, aquela se tornou nossa música. Sempre que tocava, não importava o que estivéssemos fazendo, nós parávamos e dançávamos... E agora a música estava tocando e ele não estava ali... Não estava ali para compartilhar aquele marco do casamento do meu sobrinho, não estava ali para ver a filha dele atuar como oficiante do casamento, não estaria ali quando nosso filho, então noivo, entrasse na igreja no ano seguinte... Ele se foi, e meu luto é ainda muito real.

"Vai levar um tempo." É isso o que todo mundo que já passou por isso me diz. Então, tenho que ser paciente, paciente comigo mesma e com o mundo que continua a girar. Trabalho duro para continuar ocupada, para criar a ilusão de que o tempo está avançando mais rápido.

Ainda que nunca tenha visto este livro publicado, Scotty o leu. Além de ser um livro sobre crescimento pessoal e profissional, é também uma história de amor e um tributo ao meu marido. Agora a publicação e o lançamento deste livro estão me proporcionando um novo foco e uma distração muito necessários.

Por isso, dedico este livro ao meu falecido marido. Depois de quase 35 anos de casamento, Scotty sempre será uma parte de mim e de quem sou. Dessa forma... Ele ainda vive...

Agradecimentos

Decidi, há mais de uma década, que um dia escreveria este livro. Queria responder à pergunta que ouço com frequência: "Como você conseguiu?". Graças a Deus, eu não sabia quanto trabalho e esforço isso exigiria quando comecei.

Antes de qualquer nome, quero agradecer ao meu torcedor número um, meu falecido marido, Scotty. Ele leu tantos rascunhos ao longo do caminho, lembrando-me de detalhes e adicionando seu talento a algumas histórias de um jeito que só ele podia. Ele me deu o presente do tempo, do espaço e o apoio para ser capaz de escrever. Minha filha, Kethlyn, arranjou tempo para ler o livro do início ao fim mais do que qualquer outra pessoa, conforme o manuscrito evoluía. Apoiei-me muito em Kethlyn e no meu filho, Kheaton, conforme o livro era finalizado e a saúde de Scotty declinava. Estou muito orgulhosa dos dois.

Agradeço de coração aos meus pais, Mera e Lester Archambeau, que responderam muitas perguntas aleatórias e conferiram datas e detalhes para apoiar este livro. O amor e o apoio deles têm sido inabaláveis, e estou emocionada por eles poderem ver este livro publicado.

Pedi ajuda para muitas pessoas quando comecei. Felizmente, as pessoas foram generosas com seu conhecimento e tempo. Começou com uma conversa com minha cunhada, Kathleen Archambeau, também escritora, que me disse para pensar no livro como se fosse meu primeiro livro, não "o" livro. Ela me advertiu que muitos escritores inexperientes tentam espremer tudo em um único livro, e simplesmente não dá certo. Essa conversa foi seguida por sessões com outros autores que ocuparam seu tempo comigo, para me aconselharem: Caroline Clarke, Meg Waite Clayton, Price Cobb, Nancy Duarte, Ben Horowitz, Alan Eagle, Gay Gaddis, Laura Herring, Guy Kawasaki, Eric Ries, Jonathan Rosenberg e Chris Yeh.

Minha instrutora de redação, Jessica Reader, e minha equipe de editores na Silicon Valley Press, Joe DiNucci, Atiya Dwyer e Cheryl Dumesnil, me ajudaram a dar forma à história e às lições aprendidas em um livro que espero que você desfrute.

Quero agradecer a todos os meus primeiros leitores que me deram feedback e me encorajaram muito enquanto este livro ganhava forma: Kene Anoliefo, Kellyn Archambeau, Karsyn Archambeau, Ciara Brown, Price Cobb, Rodney Ellis, Alana Hewitt, Angela Johnson, Amanda Jurist, Jackson Larango, Clare Leinweber, Bernice Malizia, Lowell McAdam, Monica Monroe, Delores Mounsey, Tsedal Neeley, Andrew Overton, Beth Roemer, Heidi Roizen, Sheryl Sandberg, Vikas Sharon, Gunjan Sinha, Riya Sinha, Brad Smith, Beth Stewart, Lisa Stone, Shraddha Varma, Sophia Velastegui, Karl Welsh, Chris Yeh.

Também quero agradecer ao meu agente literário, Jim Levine, e à minha editora, Gretchen Young, do selo Grand Central Publishing, da Hachette Book Group, que acreditaram no livro e deram muito apoio.

Por fim, quero agradecer à minha vila. Eu jamais teria a vida plena que vivi sem a ajuda e o encorajamento da minha vila estendida ao longo dos anos: às famílias Archambeau e Scott; ao Dallas Bid Whist Group; à família East Palo Alto YMCA; ao Clube Gourmet; ao Grupo de CEO de Bill; às minhas irmãs do C200; a ITSMF; a Watermark; aos meus colegas da MetricStream, da LoudCloud, da NorthPoint, da Blockbuster e da IBM; e aos meus amigos e vizinhos em todos os lugares em que moramos. Sou grata por seu amor e apoio.

Notas

2. Cuidado com a síndrome do impostor

(1) Lin Bian, Sarah-Jane Leslie, e Andrei Cimpian, "Gender Stereotypes About Intellectual Ability Emerge Early and Influence Children's Interests," *Science* 355, no. 6323 (2017): 389-91, doi:10.1126/science.aah6524.

(2) Clark McKown e Rhona S. Weinstein, "The Development and Consequences of Stereotype Consciousness in Middle Childhood," *Child Development* 74, no. 2 (2003): 498-515, doi:10.1111/1467-8624.7402012.

(3) Clark McKown e Michael J. Strambler, "Developmental Antecedents and Social and Academic Consequences of Stereotype-Consciousness in Middle Childhood," *Child Development* 80, no. 6 (2009): 1643-59, doi:10.1111/j.1467-8624.2009.01359.x.

9. Entenda como as coisas funcionam

(4) Janice M. McCabe, *Connecting in College: How Friendship Networks Matter for Academic and Social Success* (Chicago: University of Chicago Press, 2016).

10. Prepare-se para que a oportunidade apareça

(5) Hostetter, Sabrina Williamson Sullenberger e Leila Wood,
"'All These People Who Can Do Things That I Can't': Adolescents' Reflections on Class, Poverty, and the American Dream," *Journal of Poverty* 19, no. 2 (2015): 133-52, doi:10.1080/10875549.2014.991888.

(6) *Survey of the States* (Nova York: Council for Economic Education, 2016).

(7) Tabea Bucher-Koenen, Annamaria Lusardi, Rob Alessie e Maarten van Rooij, "How Financially Literate Are Women? An Overview and New Insights" (Washington, DC: Global Financial Literacy Excellence Center, 2016).

11. Seja estratégico em todas as frentes

(8) Emerging Technology from the ArXiv, "First Evidence That Online Dating Is Changing the Nature of Society," *MIT Technology Review*, October 10, 2017, acessado em 24 de outubro de 2017, https://www.technologyreview.com/s/609091/first-evidence-that-online-dating-is-changing-the-nature-of-society/.

(9) "Fact Sheet: The Decline in U.S. Fertility," in *World Population Data Sheet 2012* (Washington, DC: Population Reference Bureau, 2012), acessado em 24 de outubro de 2017, http://www.prb.org/publications/datasheets/2012/world-population-data-sheet/fact-sheet-us-population.aspx.

12. Promova sua autodeterminação

(10) Richard M. Ryan e Edward L. Deci, "Self-Determination Theory and the Facilitation of Intrinsic Motivation, Social Development, and Well-Being," *American Psychologist* 55, no. 1 (Janeiro de 2000): 68-78, doi:10.1037//0003-066x.55.1.68.

14. Construa sua reputação

(11) Matthew Hutson e Tori Rodriguez, "Dress for Success: How Clothes Influence Our Performance," *Scientific American*, Janeiro 01, 2016, acessado em 24 de outubro de 2017, https://www.scientificamerican.com/article/dress-for-success-how-clothes-influence-our-performance/.

(12) Rob Buckley, "Why the Education Sector Is Ripe for Digital Disruption," I-CIO, Janeiro de 2015, acessado em 24 de

outubro de 2017, http://www.i-cio.com/management/insight/item/why-education-sector-is-ripe-for-digital-disruption.

19. Delegue

(13) U.S. Department of Labor, Bureau of Labor Statistics, Gráficos por tópico: Household Activities, "American Time Use Survey," Bureau of Labor Statistics, 2015.

(14) Leah Ruppanner, "We Can Reduce Gender Inequality in Housework — Here's How," *The Conversation*, 29 de maio de 2016, acessado em 24 de outubro de 2017, https://theconversation.com/we-can-we-reduce-gender-inequality-in-housework-heres-how-58130.

24. Diga para as pessoas o que você quer

(15) LeanIn.org e McKinsey & Company, *Women in the Workplace 2016*, McKinsey & Company, 2016.

(16) Hannah Riley Bowles, Linda Babcock e Lei Lai, "Social Incentives for Gender Differences in the Propensity to Initiate Negotiations: Sometimes It Does Hurt to Ask," *Organizational Behavior and Human Decision Processes* 103, no. 1 (2007): 84—103, doi:10.1016/j.obhdp.2006.09.001.

36. Construa sua rede de contatos

(17) I.J. Hetty van Emmerik, Martin C. Euwema, Myrthe Geschiere e Marieke F.A.G. Schouten, "Networking Your Way through the Organization; Gender Differences in the Relationship between Network Participation and Career Satisfaction," *Women in Management Review* 21, no. 1 (2006): 54-66, doi:10.1108/09649420610643411.

39. Planejamento de vida para iniciantes

(18) Hannah Devlin, "Maximum Human Lifespan Could Far Exceed 115 Years — New Research," *Guardian*, 28 de junho de 2017, acessado em 24 de outubro de 2017, https://www.theguardian.com /science/2017/jun/28/maximum-human-lifespan-new-research-mortality.

Primeira edição (maio/2022)
Papel de miolo Pólen Soft 70g
Tipografias Berkeley Oldstyle e Alata
Gráfica LIS